Schmitz · Pleurotus ostreatus

BIBLIOTHECA MYCOLOGICA

Herausgegeben von
J. CRAMER

BAND 77

Untersuchungen
zur Konservierung der Fruchtkörper des
Speisepilzes *Pleurotus ostreatus* (Jacq. ex Fr.) Kummer
und der partiellen Autolyse von Pilzzellwänden

vorgelegt von

HELGA SCHMITZ

1980 · J. CRAMER
In der A.R. Gantner Verlag Kommanditgesellschaft
FL-9490 VADUZ

© A.R. Gantner Verlag K.G., FL-9490 Vaduz
Printed in Germany
by Strauss & Cramer GmbH, 6945 Hirschberg 2
ISBN 3-7682-1278-5

Die vorliegende Arbeit entstand am
Institut für pharmazeutische Technologie
der Philipps-Universität Marburg/Lahn
unter der Leitung von
Frau Professor Dr. Gerlind Eger-Hummel,
der ich für ihre freundliche Unterstützung
und ständige Hilfsbereitschaft
sehr herzlich danke.

Mein Dank gilt auch Herrn Olaf Brodd von
der Hoesch-Vial GmbH, Krefeld, durch dessen
häufig zur Verfügung gestellten Sachbeihilfen
ein Teil dieser Arbeit ermöglicht wurde.

INHALTSVERZEICHNIS

	Seite
ZUSAMMENFASSUNG	8
SUMMARY	1o
EINLEITUNG	12
MATERIAL UND METHODEN	18
A. MATERIAL	18
1. Pilzstämme	18
1.1 Eigenschaften und Herkunft	18
1.2 Kulturbedingungen	19
1.3 Bezeichnung und Auswahl des Materials	2o
2. Bakteriemstämme	21
B. METHODEN	22
1. Pufferlösungen	22
2. Bebrütung von Stielstücken	22
3. Nährböden	23
4. Bestimmung von Enzymaktivitäten	23
4.1 Herstellung von Rohenzymlösungen	23
4.2 Enzymsubstrate	23
4.3 Inkubationsbedingungen	24
4.4 Messung der Reaktionsprodukte	24
4.5 Bestimmung des Proteingehalts	26
5. Lichtmikroskopische Beobachtungen	27
6. Behandlung von Stielstücken mit Pepsin und Trypsin	27
7. Bestimmung des S-Glucananteils der Zellwand	27
8. Geschmackstest	28
9. Herstellung eines zellfreien Extrakts	28
1o. Weitere Methoden	28

VERSUCHE UND ERGEBNISSE 29

A. Konsistenzänderung von Fruchtkörperstielen 29

   1. Entwicklung einer Methode zur Konsistenz-
      prüfung 29
   2. Ursachen der Konsistenzänderung bei
      Pleurotus ostreatus 31
   3. Optimale Bedingungen zur Konsistenzänderung 33
   4. Konsistenzänderung bei anderen Stämmen und
      Pilzarten 36

B. Worauf beruht die Konsistenzänderung 39

   1. Zellwandaufbau bei Basidiomyceten 39
   2. Mikroskopische Beobachtungen 42
   3. Abbau von Proteinen? 43
   4. Bestimmung von Enzymaktivitäten in gefälltem
      Protein 43

C. Untersuchungen zur praktischen Anwendung 50

   1. Verwendung gefrorenen Materials 51
   2. Weichmachen von hitzeinaktiviertem Material 53
   3. Beständigkeit der Enzyme 56
   4. Mikrobielle Sicherheit und Haltbarkeit 58
   5. Geschmack 60

D. Bedeutung von R-Glucanase, Chitinase und Chitobiase bei der partiellen Autolyse und im
   Organismus 64

   1. Prüfung von zellfreien Extrakten 64
   2. Abbau von Chitin und R-Glucan bei der
      partiellen Autolyse verschiedener Pilzstämme 69

2.1 Wirkung der autolytischen Enzyme auf die
　　　　　Zellwände anderer Stämme　　　　　　　　　　69
　　　2.2 Bestimmung von Enzymaktivitäten in
　　　　　Stielen verschiedener Pilzstämme　　　　　　72
　　3. Enzymaktivitäten in verschiedenen
　　　　Entwicklungsphasen　　　　　　　　　　　　　　75

DISKUSSION　　　　　　　　　　　　　　　　　　　　　79

ANHANG　　　　　　　　　　　　　　　　　　　　　　　86

A. TAFELN　　　　　　　　　　　　　　　　　　　　　86

B. LITERATURVERZEICHNIS　　　　　　　　　　　　　　93

ZUSAMMENFASSUNG

Zähe Stiele von <u>Pleurotus</u> <u>ostreatus</u> bekommen eine angenehm
weiche Konsistenz, wenn man sie in ungekochtem Zustand in
saurer Lösung hält. Die optimalen Bedingungen hierfür sind
pH 4 und 40°C. Durch unterschiedliche Behandlungsdauer kann
der Weichheitsgrad variiert werden. Durch Würzen, nachfol-
gendes kurzes Aufkochen und heißes Einfüllen in Gläser mit
Schraubdeckelverschluß entsteht eine schmackhafte Konserve.
Sie ist bei 2°- 4°C über ein Jahr und bei 40°C mindestens
3 Monate haltbar.

Das Weichwerden beruht auf einer partiellen Autolyse, die
auch in Stielen von <u>Agaricus</u> <u>bisporus</u> und <u>Lentinus</u> <u>edodes</u>
bei pH 4 und 40°C optimal verläuft. Die beste autolytische
Wirksamkeit haben Stiele des Niedrigtemperaturstammes So 3oo4
von P. ostreatus. Seine Enzyme sind robust. In gefrorenem
Zustand (-18°C) bleiben sie bis zu 2 Jahren wirksam. Bei 40°C
nimmt ihre Aktivität erst nach 5 Tagen ab. Sie wirken auch
auf die Zellwände anderer Arten. Hitzeinaktivierte Stiele
von P.So 3o25, P."42x11", <u>A.</u> <u>bisporus</u> und <u>L.</u> <u>edodes</u> werden
von den Enzymen des Stammes P.So 3oo4 besser lysiert als
von den stammeigenen.

Die autolytischen Enzyme sind zellwandgebunden. Durch Homogenisieren frischer oder gefrorener Stiele in Puffer vom pH 4
und dreistündige Bebrütung bei 40°C werden sie von den Wänden
abgelöst. Durch Abzentrifugieren der Zellreste, Aussalzen
und Dialysieren gegen Leitungswasser läßt sich ein Enzympräparat gewinnen, das in lyophilisiertem Zustand aufbewahrt
werden kann. Es kann zum Weichmachen von zähem Fruchtkörper-
material verwendet werden, das nur geringe oder keine eigene
autolytische Aktivität besitzt.

Bei der Autolyse der Wände spielen Proteinasen und S-Glucanasen keine und Chitobiase allenfalls eine untergeordnete

Rolle. R-Glucanase(n) und Chitinase(n) dagegen greifen die innere - aus R-Glucan und Chitin bestehende - Wandschicht an. R-Glucanase(n) oder Chitinase(n) allein führen zu keiner oder nur geringer mechanisch feststellbarer Verringerung der Stielzähigkeit.

Mycel, Stiele und Hüte von P. ostreatus unterscheiden sich in ihrem Gehalt an R-Glucanase, Chitinase und Chitobiase beträchtlich. Mycel autolysiert bei pH 4 und 4o^{o}C nicht und wird auch von Rohenzympräparaten aus Stielen nicht angegriffen. Die Rolle von R-Glucanasen und Chitinasen bei der Morphogenese von Pilzfruchtkörpern wird diskutiert.

Die praktische Anwendung der partiellen Autolyse ist patentrechtlich geschützt als "Verfahren zur Herstellung von weichen, genießbaren Pilzfruchtkörpern oder Teilen davon aus zähem Pilzmaterial" (SCHMITZ, 1978).

SUMMARY

Tough raw stipes of *Pleurotus* *ostreatus* become pleasantly soft when kept in an acid solution. The optimal conditions for softening are pH 4 and 4o°C. The degree of softness can be regulated by variation of the incubation period. By seasoning, short cooking thereafter, and immediate filling into jars with twist-off caps, a delicious preserve is obtained which can be stored at 2°- 4°C for more than one year or at 4o°C for at least 3 months.

Softening is caused by partial autolysis, which is in stipes of *Agaricus* *bisporus* and *Lentinus* *edodes* also optimal at pH 4 and 4o°C. The stipes of the low temperature *P. ostreatus* strain So 3oo4 have the best autolytical ability. Its enzymes are rather stable because they stay active when stored for 2 years at -18°C and for 5 days at 4o°C. These enzymes also act on cell walls of other species. Heat-treated stipes of P.So 3o25, P."42x11", *A. bisporus* and *L. edodes* are softened better by the enzymes of P. So 3oo4 than by those of the own strain.

The autolytical enzymes are cell wall bound. They are released from the walls when fresh ore frozen stipes are homogenized in buffer of pH 4 and incubated for 3 hours at 4o°C. The enzymes in the supernatant, obtained by centrifugation of the homogenate, were precipitated and dialyzed against tap water. In lyophilized condition they can be stored and used to soften tough fruit body material which has low or no autolytic activity.

In the autolysis of cell walls proteinases and S-glucanase play no and chitobiase only a minor role. In contrast, R-glucanase(s) and chitinase(s) attack the inner layer of the cell wall which is composed of R-glucan and chitin.

R-glucanase(s) or chitinase(s) alone can soften stipes only to a low extent, as proved by mechanical test.

There are striking differences in the content of R-glucanase, chitinase, and chitobiase in mycelium, stipes, and caps of P. ostreatus. Mycelium does not autolyse at pH 4 and 4o°C and is not attacked by enzyme preparations of stipes. The involvement of R-glucanase and chitinase in the morphogenesis of fruit bodies is discussed.

EINLEITUNG

Pilze als Nahrungsmittel und Delikatesse sind seit dem Altertum bekannt und beliebt. Schriftliche Zeugnisse darüber finden sich unter anderem schon bei Plinius (23 - 79 n.Chr.) und Plutarch (46 - 120 n.Chr.). Im Mittelalter waren sie ein beliebtes Forschungsobjekt der Gelehrten als Mittelding zwischen Tier und Pflanze (AINSWORTH, 1976). Eine erste Kultivierung von Champignons erfolgte in Frankreich im 17. Jahrhundert, in England und Amerika im 18./19. Jahrhundert (LELLEY, 1976). Heute werden Pilze weltweit angebaut und finden sich auf vielen Speisezetteln. In den letzten zwei Jahrzehnten stieg die Weltproduktion an eßbaren Pilzen auf z.Zt. rund 800 Mill. kg pro Jahr. Dabei handelt es sich nicht mehr nur um <u>Agaricus bisporus</u>, den Kulturchampignon, sondern auch um <u>Pleurotus</u> sp., z.B. den Austernseitling, <u>Volvariella volvacea</u>, den Reisstrohpilz, <u>Lentinus edodes</u> (Shi-i-take), den wichtigsten Kulturpilz Ostasiens, und viele andere mehr. Allein in den asiatischen Ländern werden heute ca. 200 Mill. kg Pilze pro Jahr neben <u>Agaricus bisporus</u> produziert (DELCAIRE, 1978).

Programme zur Züchtung von celluloseabbauenden eßbaren Pilzen auf landwirtschaftlichen Abfallstoffen werden z.B. von der UNESCO, dem US-Department of Agriculture und der US-National Academy of Science gefördert. Für die Entwicklungsländer sind diese Programme von großer Bedeutung, da Pilze als eiweißreiches Gemüse in der 3. Welt eine eiweißarme, aber kalorienreiche Nahrung - wie Reis, Mais, Hirse usw. - ergänzen können BÖTTICHER, 1974). Die Produktion ist billig, da in diesen Ländern cellulose- und ligninhaltige Abfallprodukte (wie z.B. Reisstroh, Bananenblätter, etc.) in großen Mengen vorhanden und Arbeitskräfte billig sind. Über die Arbeitsplatzbeschaffung sowie auch verbesserte Nahrungsmittelproduktion, führen solche Programme auch zu einer Verbesserung der sozialen Lage der Bevölkerung.

Immer beliebter als celluloseabbauender Pilz mit gutem Aroma wird Pleurotus (s. Tafel I, S. 86). Arten dieser Gattung kommen global vor und erfordern keine aufwendige Substratbereitung. Im Gegensatz zu A. bisporus und V. volvacea ist Pleurotus tetrapolar, d.h., die Genetik gleicht dem schon gut erforschten Schizophyllum commune. Eine Züchtung von Stämmen, die den jeweiligen - durch Klima und Rohstoffe vorgegebenen - Anbaubedingungen genügen, ist daher problemlos.

Pleurotus ostreatus enthält ca. 3o % Protein (bezogen auf das Trockengewicht) und darin alle essentiellen Aminosäuren. Sein Eiweiß ist besser als das der meisten Gemüse (BANO et al., 1963; KALBERER und KÜNSCH, 1974). Ein Nachteil von Pleurotus ist der große Stielanteil, der je nach Anbaubedingungen bis zu 25 % der Produktion ausmachen kann. Diese Stiele sind wegen ihrer Zähigkeit ungenießbar und werden als Abfall weggeworfen. Ein weiteres Problem, das sich bei optimaler Ausnutzung einer Pilzproduktion stellt, ist die Konservierung, da frische Pilze nur sehr begrenzt haltbar sind. Die Fruchtkörper von P. ostreatus werden bei 17°C schon nach 2 Tagen unansehnlich. Bei 2°C sind sie maximal 1o Tage haltbar, entwickeln aber bei Lagerung im Dunkeln (Kühlschrank) Mycel an der Oberfläche (GORMLEY und O'RIORDIAN, 1976). In beiden Fällen können sie nicht zum Verkauf angeboten werden. Es wurde darum die Suche nach einer geeigneten Konservierungsmethode in Angriff genommen, die außer einer guten Haltbarkeit und optimalem Erhalt des Nährwerts eine Mitverwendbarkeit der Stiele erlaubt, mit einfachen Mitteln durchzuführen - also nicht zu teuer - ist und zu einem schmackhaften Endprodukt führt.

Alle Konservierungsmethoden, die mit einer Hitzebehandlung verbunden sind - wie Blanchieren, Kochen, Sterilisieren, Trocknen - mußten von vornherein ausgeschlossen werden. Jede Erhitzung ist nicht nur energieaufwendig, sondern führt auch - vor allem bei den Stielen - zu einem sehr zähen End-

produkt. Außerdem wird nach dem Blanchieren oder Kochen meist
die Brühe weggegossen, so daß nicht nur durch die Erhitzung
selbst, sondern auch durch dieses Abgießen der Brühe ein
starker Nährwertverlust eintritt. Aus dem gleichen Grund ist
auch Einfrieren nicht geeignet, da vor dem Gefrieren auf
jeden Fall blanchiert werden muß. Unblanchiert eingefrorenes
Material nimmt schon nach drei Monaten Lagerung einen
"strong off-flavour" an (GORMLEY und O'RIORDIAN, 1976). Eine
Konservierungsmethode, die auf den ersten Blick den meisten
Anforderungen genügen würde, ist die Herstellung von Salz-
pilzen. Für eine längere Haltbarkeit ist allerdings ein
Zusatz von 15 - 2o % Salz erforderlich, d.h., vor dem Verzehr muß die Brühe, in der sich - vor allem durch das Aus-
laugen mit hoher Salzkonzentration - die meisten Nährstoffe
befinden, weggeschüttet werden. Außerdem muß man die Pilze
noch gründlich wässern, bevor sie gegessen werden können.
Wenn man dann noch mit Sicherheit eine mikrobielle Schädi-
gung ausschließen möchte, ist eine zusätzliche Blanchierung
notwendig. BÖTTICHER (1974) meint dazu: "Ohne Zweifel ist
diese Art der Konservierung ein Notbehelf, der zu starken
Veränderungen des Ausgangsmaterials führt und den ursprüng-
lichen Charakter des betreffenden Lebensmittels beeinträch-
tigt." Auch bei der Herstellung von Essigpilzen wird das
Material vorher gekocht und die erste Lake weggegossen, wie-
derum eine starke Wertminderung und Erhöhung der Zähigkeit
(BÖTTICHER, 1974).

Die Wahl fiel daher auf die milchsaure Gärung (Silierung).
Hierbei erfolgt eine schnelle Säuerung durch pilzeigene
oder zugesetzte Milchsäurebakterien, was eine gute Haltbarkeit des Produkts (ca. 3 bis 6 Monate ohne zusätzliche
Sterilisation) zur Folge hat. Milchsaure Gemüse, wie Sauerkraut, Gurken, Oliven etc. sind heute fast überall bekannt
und beliebt. Der Nährwert der Pilze bleibt optimal erhalten,
da eine Fermentation mit Milchsäurebakterien den kalorischen

Wert und den Gehalt an Vitaminen und Mineralstoffen kaum
ändert (PEDERSON, 196o). Außerdem war mit der Möglichkeit
einer Verminderung der Zähigkeit zu rechnen, da bei der
Silierung eine Auflockerung des Gewebes eintreten kann (BÖT-
TICHER, 1974).

Über die Silierung von Pilzen gibt es bisher wenig Veröffent-
lichungen (JAHN, 1949; REHM, 1967; BÖTTICHER, 1974). Im
Krieg haben zwei deutsche Firmen mit gutem Erfolg siliert,
und noch heute werden in den Ostblockstaaten - besonders in
der Tschechoslowakei - erhebliche Pilzmengen durch Industrie
und in Privathaushalten auf diese Weise konserviert. Allerdings verlaufen diese Gärungen nach Beimpfung mit saurer
Milch weitgehend unkontrolliert, es kommt auch zu Fehlgärun-
gen. Immer ist ein Zuckerzusatz erforderlich, es findet eine
starke Gasentwicklung statt und die Säuerung erfolgt bei
13°- 18°C, was in den meisten Fällen eine Kühlung notwendig
macht (BÖTTICHER, 1974). Eine Schnellsilierung von Pilzen
wird von KSELIK (1956) empfohlen. Er erhält nach Beimpfung
mit <u>Lactobacillus bulgaricus</u> in 24 Stunden silierte Pilze.
Diese Methode hat Nachteile: eine hohe Zugabe von Malzextrakt,
Aufkochen der Pilze vor der Verarbeitung und Sterilisation
hinterher. Das Verfahren ist also nicht nur kostspielig, sondern es werden auch wertvolle Nährstoffe zerstört.

Der Nachteil der bisher angewandten Einsäuerungsmethoden
liegt darin, daß nie eine Selektion geeigneter Milchsäurebakterien erfolgt ist, sondern immer mit saurer Milch oder
mit aus sauren Milchprodukten isolierten Stämmen beimpft
wurde. Die Erfahrungen bei der Silierung von Grünfutter und
bei der Herstellung von Sauerkraut und anderen sauren Gemü-
sen zeigen, daß nicht die Zahl der anfangs vorhandenen
Milchsäurebakterien über einen guten Gärverlauf entscheidet,
sondern ihre Aktivität (WEISE, 1969; BUCHER, 197o). Zahl-
reiche Experimente über Beimpfungen mit Reinkulturen ergaben
nur dann positive Ergebnisse, wenn mit Stämmen beimpft wurde,

die ein starkes artspezifisches Säuerungsvermögen besitzen (PEDERSON und ALBURY, 1961; WEISE, 1973; BECK und WIERINGA, 1964). Deren gärungsfördernder Einfluß besteht darin, daß sie pflanzeneigene Kohlehydrate zur Bildung von Milchsäure ökonomischer ausnutzen können und der Atmungsstoffwechsel der aeroben Flora sofort unterbunden wird (GROSS und BECK, 1969). Deshalb führten auch Beimpfungen von Silagen mit Bakterien der spezifischen Milchflora fast immer zu negativen Ergebnissen, da diese Keime von den pflanzeneigenen immer unterdrückt wurden.

Auf die Silierung von Pilzen bezogen bedeuten diese Ergebnisse, daß eine Säuerung mit solchen Milchsäurebakterien erfolgen müßte, die mit Mannit und Trehalose ihren Energiebedarf decken können. Ungeeignet sind Stämme, die - wie die typische Milchflora - Glucose oder Lactose benötigen. Letztere ist in Pilzen überhaupt nicht vorhanden, Glucose wird in größeren Mengen erst durch den Abbau von Polysacchariden verfügbar. Mannit und/oder Trehalose dagegen kommen in allen Pilzen vor. A. bisporus z.B. enthält ca. 2o % Mannit im Trockengewicht (RAST, 1965), was für eine schnelle Säuerung durchaus genügen würde.

Auf Grund dieser Erkenntnisse wurden zu Beginn dieser Arbeit umfangreiche Versuche zur Isolierung von Milchsäurebakterien durchgeführt. Diese sollten einerseits das Mannit als Energiequelle verwenden können, andererseits nach Möglichkeit auch Chitin abbauen. Damit sollte eine zumindest teilweise Auflockerung der Pilzzellwände erreicht werden, um die Zähigkeit zu vermindern und die Verdaulichkeit der Pilze zu fördern. Für die Isolierung wurden "verwurmte" Pilze (Agaricus campestris) gewählt, ausgehend von der Überlegung, daß "Würmer" aus Pilzen in ihrer Darmflora geeignete Bakterien enthalten müßten. Mit den so isolierten Stämmen wurden dann Vorversuche zur Silierung von Pilzen durchgeführt. Als Material dienten Stiele eines sogenannten "Niedrigtemperaturstammes" von Pleurotus ostreatus (So 3oo4), da sie der zäheste und damit schlechteste Teil des Fruchtkörpers sind. Überdies standen sie als Abfallprodukt kostenlos zur Verfügung. Für die ersten Experimente wurden kleingeschnittene Stiele mit 1 %iger Kochsalzlösung bei $3o^oC$ mehrere Tage bebrütet, wobei mit den Reinkulturen beimpft wurde. Es zeigte sich aber, daß auch die unbeimpften Kontrollen sehr schnell sauer wurden, d.h., es lag eine ausreichende Kontamination des Pilzmaterials mit geeigneten Milchsäurebakterien vor. Ein Zuckerzusatz war in keinem Fall notwendig. Über diesen umfangreichen Teil der Arbeit wird im Folgenden nicht weiter berichtet, da er durch die überraschenden Ergebnisse weiterer Versuche überholt wurde. Es zeigte sich nämlich, daß die Stiele nach der Behandlung eine angenehm weiche Konsistenz angenommen hatten, und daß diese Konsistenzänderung - sowie auch eine billige Konservierung - ohne milchsaure Gärung möglich ist.

Im ersten Teil der Dissertationsschrift wird über die Konsistenzänderung von Fruchtkörperstielen des P. ostreatus und anderer Pilze durch partielle Autolyse und über die optimalen Bedingungen berichtet. Im zweiten Teil wird untersucht, welche Pilzenzyme für die Auflockerung der zähen Zellwände verantwortlich sind und im dritten Teil, ob eine praktische Anwendung und Konservierung möglich und vorteilhaft ist. Der letzte Teil beinhaltet Untersuchungen über die Bedeutung von ß-Glucanasen und Chitinasen bei der partiellen Autolyse und in verschiedenen Entwicklungsstadien einiger Pilze. Die Bedeutung der Ergebnisse für die praktische Verwertung von Pilzen und für die Grundlagenforschung wird diskutiert.

MATERIAL UND METHODEN

A. Material

1. Pilzstämme

1.1 Eigenschaften und Herkunft

Pleurotus ostreatus (Austernseitling), Niedrigtemperaturstamm: Dieser Stamm wird von der Fa. Somycel unter Nr. 3oo4 angeboten und ist bei der American Type Culture Collection (ATCC) als Nr. 38546 gelagert. In dieser Arbeit wird er als P.So 3oo4 bezeichnet. Stiele und Hüte dieses Stammes wurden von der Fa. Hoesch-Vial GmbH, Krefeld, zur Verfügung gestellt. Mycel und keimfreie Fruchtkörper wurden im Labor kultiviert (s.S. 2o).

Es wurden zwei Hochtemperaturstämme von P. ostreatus benutzt: Der in dieser Arbeit als P.So 3o25 bezeichnete Stamm der Fa. Somycel, dessen Stiele ebenfalls von der Fa. Hoesch-Vial GmbH geliefert wurden, und der Stamm P."42x11", von EGER et al. (1976) beschrieben. Zur Bestimmung der Enzymaktivitäten in Mycel, Stielen und Hüten dienten von beiden Pilzen eigene Reinkulturen.(s. S.19).

Agaricus bisporus (Kulturchampignon): Für die Versuche zur Konsistenzänderung wurden Fruchtkörper in verschiedenen Kaufhäusern erworben, wobei nur solche Chargen gekauft wurden, die maximal 2 - 3 Tage alt waren. Für Untersuchungen über die Artspezifität der Enzymwirkungen und über die Enzymaktivitäten (s.S. 69ff) wurden Fruchtkörper von der Versuchsanstalt für Pilzanbau der Landwirtschaftskammer Rheinland, Krefeld, geschickt. Es handelte sich dabei um die Stämme Somycel 56 und Somycel 85, hier als A.So 56 und A.So 85 bezeichnet.

Lentinus edodes (Shi-i-take): Stiele und Hüte wurden geliefert von der Burbacher Pilzfarm (Inh. Kurt Schöler). Wegen der Schwierigkeiten im Anbau, der stark von der Jahreszeit und den wechselnden Wetterbedingungen abhängig ist, stand Material nur sehr begrenzt zur Verfügung.

1.2 Kulturbedingungen

1.2.1 Mycel

Es wurde entsprechend der Beschreibung von EGER et al. (1976) auf Malzextraktagar angezogen, bis die Spitzen noch 2 - 5 mm vom Rand der Petrischale entfernt waren. Aus jeder Petrischale wurden Stücke ausgeschnitten, die einer Fläche von 8 cm^2 entsprachen. Unter Zusatz von 8o ml Malzextraktbouillon wurden sie 2 Minuten im Waring-Blendor bei Höchstgeschwindigkeit zerkleinert und je 15 ml des Homogenats in Petrischalen pipettiert. Nach 2 Tagen Bebrütung bei 26°- 28°C wurde der Inhalt jeder Petrischale erneut mit 8o ml Malzextraktbouillon 2 Minuten im Waring-Blendor zerkleinert und in Petrischalen verteilt. Die Bebrütung bei 26°- 28°C dauerte entweder 2 oder 7 Tage. Nach 2 Tagen Bebrütung erhält man Mycel, bei dem die meisten Spitzen noch im Wachstum sind, während sich nach 7 Tagen der größte Teil des Mycels schon in der Ruhephase befindet. Nach Sammeln des Mycels, Abdekantieren des Kulturmediums und Zentrifugation bei 5ooo U/min wurde der noch vorhandene Schleim durch vorsichtiges Ausdrücken zwischen Filterpapier weiter reduziert.

1.2.2 Fruchtkörper

Fermentiertes Substrat, von der Fa. Hoesch-Vial GmbH zur Verfügung gestellt, wurde in 1 l-Einmachgläser gefüllt und autoklaviert. Die Anzucht des Mycels erfolgte nach EGER et al. (1976). Pro Einmachglas diente der Inhalt einer Petrischale, in kleine Stücke geschnitten, zur Beimpfung. Nach Durchwachsen des Substrats im Dunkeln bei 26°- 28°C wurden die Gläser bis auf die Öffnung rundum mit Aluminiumfolie verdunkelt und in gelochten Vernichtungsbeuteln von 4oo x 78o mm (Fa. C.A. Greiner & Söhne) bei 22°- 26°C aufgestellt. Die Fruchtkörper wurden nach der Ernte in Polyäthylenbeuteln verpackt und bei -18°C bis zur Verarbeitung gelagert (maximal 4 Wochen).

1.2.3 Keimfreie Fruchtkörper

Die Anzucht des Mycels erfolgte auf Malzextraktagar (EGER et al., 1976), wovon 30 ml pro Petrischale als Nährmedium dienten. Wachstum und Fruchtkörperbildung erfolgte ebenfalls nach EGER et al. (1976), mit folgenden Ausnahmen: Die Temperaturen zur Fruchtkörperbildung lagen bei 12°- 15°C und die Polyäthylenbeutel wurden nicht gelocht, um eine Kontamination von außen zu verhindern. Die dadurch erhöhte CO_2-Konzentration war in diesem Fall von Vorteil, weil dabei lange Stiele und nur kleine Hüte gebildet werden. Die Beutel, Gummibänder und Papierhandtuchstreifen wurden vor der Benutzung mit Äthylenoxid sterilisiert.

1.3 Bezeichnung und Auswahl des Materials

Das Material wird als "frisch" bezeichnet, wenn es direkt nach der Lieferung per Post, die ca. 20 - 28 Stunden dauerte, verarbeitet wurde. Die Stiele waren für die Lieferung in Zellstoff eingeschlagen und in Pappkartons verpackt worden. "Gefrorenes" Material sind Stiele, die nach der Lieferung direkt in Polyäthylenbeutel gegeben und bei -18°C aufbewahrt worden waren. "Autoklaviert" werden frische oder gefrorene Stiele genannt, wenn sie vor der Verarbeitung 5 Minuten im strömenden Dampf bei 1 atü und 121°C erhitzt worden waren. Als "hitzeinaktiviert" gelten Stiele, die, frisch oder gefroren, vor der Verarbeitung 5 Minuten lang gekocht wurden.

Für die Versuche zur Konsistenzänderung von Stielen des _P. ostreatus_ wurden pro Ansatz 10 Stiele verwendet. Bei einem Ansatz von n parallelen Proben (z.B. n=5, wenn bei der Temperaturabhängigkeit bei 5 verschiedenen Temperaturen bebrütet werden sollte) wurde jeder Stiel in n+1 Stücke von ca. 1 cm^3 geteilt. Die Stücke jeden Stieles wurden auf n+1 Reagensgläser verteilt, so daß am Ende n+1 Reagensgläser mit je 10 Stielstücken vorhanden waren. n Gläser wurden den Versuchs-

bedingungen unterworfen, die Stücke im überzähligen Glas
dienten als Kontrolle. Mit ihnen wurde eine Überprüfung der
Konsistenz durchgeführt, um sicher zu gehen, daß alle Stücke
vor der Behandlung zäh waren. Bei Verwendung von autoklaviertem oder hitzeinaktiviertem Material wurden die Kontroll-
stücke ebenfalls hitzebehandelt und erst nach Ablauf der Ver-
suchsdauer auf ihre Konsistenz überprüft. Dadurch war gesichert, daß das Material durch Hitzebehandlung und längeres
Stehen nicht weich geworden war. Wegen ihrer Kleinheit konnten die Stiele von A. bisporus und L. edodes nicht immer in
n+1 Stücke geschnitten werden, deshalb wurden bei diesen
Stämmen gleich aussehende Stielstücke auf die Parallelproben
verteilt.

2. Bakterienstämme

Je ein Laborstamm von Escherichia coli und Staphylococcus
aureus dienten zur Beimpfung bei der Untersuchung zur Sicherheit der Konserven (s.S. 58). Hierfür wurden 1o ml einer
CASO-Bouillon (Merck Nr. 5459) mit einer Keimaufschwemmung
(ca. 10^5- 10^6 Keime/ml) in physiologischer Kochsalzlösung -
hergestellt aus einer ca. 48 Stunden alten Kultur - beimpft
und 2o Stunden bei 37°C bebrütet. o.1 ml der gut geschüttel-
ten Bouillon wurden in 1oo ml Pufferlösung vom pH 4 gegeben,
die zur Behandlung von Stielstücken diente.

B. Methoden

1. Pufferlösungen

a. Citronensäure/Phosphatpuffer nach McIlvaine (RAUEN, 1964) Angesetzt wurden Lösungen mit den pH-Werten 3.o, 3.5, 4.o, 4.5 und 5.o (als "Phosphatpuffer" bezeichnet).
b. Essigsäure/NaOH-Puffer (RAUEN, 1964), mit den pH-Werten 3.o, 3.5, 4.o, 4.5, 5.o, 5.5 und 6.o (als "Acetatpuffer" bezeichnet).
c. Citronensäure/NaOH-Puffer (als "Citratpuffer" bezeichnet). Die Herstellung erfolgte analog zu b.
d. Milchsäure/NaOH-Puffer (als "Lactatpuffer" bezeichnet). Die Herstellung erfolgte ebenfalls analog zu b.
Alle Pufferlösungen, die zum Weichmachen von Stielstücken dienten, wurden in einer Konzentration von o.15 N verwendet. Die Pufferkonzentrationen bei der Messung von Enzymaktivitäten sind aus Tabelle 1 (s. S. 25) zu entnehmen.

2. Bebrütung von Stielstücken

Die Bebrütung der keimfreien Stiele fand in Reagensgläsern von 16o x 16 mm mit Cap-o-test-Verschluß statt. Alle anderen Versuche zur Konsistenzänderung wurden in 2oo x 25 mm großen Gläsern mit Kappen aus Aluminiumfolie durchgeführt. Brühe zur Herstellung von Rohenzym stammte aus einer Bebrütung von Stielstücken in 25o x 5o mm großen Gläsern, ebenfalls mit Kappen aus Aluminiumfolie. Proben für den Haltbarkeitstest wurden in Schraubdeckelgläsern von unterschiedlicher Größe (5o bis 4oo ml Inhalt) mit "Twist-off"-Verschluß bebrütet und gelagert.
Pro g Pilzmaterial wurden ca. 1.5 - 2 ml Pufferlösung zugesetzt.
Die ersten Silageexperimente fanden unter N_2/CO_2-Atmosphäre (95/5) in Anaerobengläsern (Gössner, GA 631) statt, alle anderen Versuche in Brutschränken unter normaler Atmosphäre.

3. Nährböden

3.1 Prüfung auf Keimfreiheit

Von der Lösung der keimfrei verarbeiteten Stiele wurde eine
Impföse voll auf zwei Arten von Nährböden ausgestrichen:
a. CASO-Agar (Merck, Nr. 5458), Bebrütung 7 Tage bei 35°C,
b. Malzextraktagar (Malt extract broth, Difco Nr. o113-o1
+ 1,5 % Agar, Merck Nr. 1614), Bebrütung 7 Tage bei Raumtemperatur.

3.2 Keimzahlbestimmung von Escherichia coli und Staphylococcus aureus

Die Keimzahlbestimmungen erfolgten mit der Plattengußmethode. Zur Bestimmung von E. coli diente EMB-Agar (Eosin-Methylenblau-Lactose-Saccharose-Agar, Merck Nr. 1347), von St. aureus Vogel-Johnson-Agar (Staphylokokken-Selektivagar nach VOGEL-JOHNSON, Merck Nr. 54o5).

4. Bestimmung von Enzymaktivitäten

4.1 Herstellung der Rohenzymlösungen

Die Enzyme wurden ausgefällt, und zwar entweder aus Acetatpuffer vom pH 4, mit dem Stielstücke 2o Stunden lang bebrütet worden waren oder aus einem zellfreien Extrakt. Es wurde Ammoniumsulfat (Merck Nr. 1218) bis zu 1oo %iger Sättigung zugesetzt und zentrifugiert (1o Minuten bei 5ooo UpM). Nach Wiederaufnehmen des Niederschlags in destilliertem Wasser (1o % der Ausgangslösung) erfolgte eine Dialyse gegen Leitungswasser bei ca. 1o°- 12°C. Eventuell vorhandene Rückstände wurden bei 15ooo UpM abzentrifugiert.

4.2 Enzymsubstrate

Kolloidales Chitin wurde mit vorgereinigtem Chitin aus Hummerschalen (Fluka Nr. 2272o) nach der Methode von BERGER und REYNOLDS (1958) hergestellt und gefriergetrocknet.

R-Glucan und S-Glucan wurden nach der Vorschrift von WESSELS (1965) aus Stielstücken von P. ostreatus So 3oo4 isoliert - wobei das R-Glucan noch Chitin enthält - und ebenfalls gefriergetrocknet. Mit Chitin, R-Glucan und S-Glucan wurden Suspensionen von 2o mg/ml hergestellt, und zwar für die Bestimmungen der pH-Abhängigkeit in destilliertem Wasser, für alle anderen in o.1 M Acetatpuffer vom pH 4. Letztere wurden bei 2°- 4^oC aufbewahrt.

Zur Bestimmung der N-Acetyl-ß-D-glucosaminidase (Chitobiase) diente p-Nitrophenyl-N-acetyl-ß-D-glucosaminide (Sigma, Nr. N-9376).

Die Bestimmung der Proteinasen erfolgte mit Hämoglobin (Merck Nr. 43oo).

4.3 Inkubationsbedingungen (s. Tabelle 1)

Die Inkubation fand in Reagensgläsern von 6o x 1o mm statt. Es wurde Acetatpuffer verwendet. Parallel zu jeder Bestimmung wurde ein Blindwert gemacht, indem ein Teil der Rohenzymlösung durch kurzes Erhitzen (1 min auf 9o - 1oo^{o}C) inaktiviert wurde. Diese Lösungen wurden nach 2 Minuten Zentrifugation bei 15ooo UpM den gleichen Bedingungen unterworfen wie die Rohenzymlösungen. Die Messung der Extinktionen erfolgte immer gegen diesen Blindwert.

4.4 Messung der Reaktionsprodukte

N-Acetyl-ß-D-glucosaminidase: Die Reaktion beruht auf der Freisetzung von p-Nitrophenol, das im Gegensatz zum Glycosid im alkalischen einen gelben Farbstoff bildet (STEIGERWALD und BARTHOLOMEW (1973). Die Extinktion wurde bei 4oo nm gemessen. Für die Aufstellung einer Eichkurve wurden Lösungen mit p-Nitrophenol (EGA-Chemie Nr. 13.o23-o) in Konzentrationen von o.o2 - o.4 µmol/ml hergestellt. Die Aktivität wurde berechnet als µmol p-Nitrophenol/mg Protein/Minute.

Chitinase: Nach Abstoppen der Reaktion wurde 2 Minuten bei 15ooo UpM zentrifugiert und im Überstand der Gehalt an N-Acetylglucosamin bestimmt. Unter Berücksichtigung der Vorschriften von TRACEY (1955) und REISSIG et al. (1955) wurde

Tabelle 1: Inkubationsbedingungen zur Bestimmung der Enzymaktivitäten aus einer dialysierten Rohenzymlösung

	Rohenzym (µg Protein)	Substrat (s.S. 20/21)	Acetat-puffer (µmol)	Gesamt-volumen (µl)	Inkuba-tionszeit (min)	Abstoppen der Reaktion
N-Acetyl-ß-D-glucosaminidase	5 - 25	2.0 µmol	25	250	15	+ 50 µl 10 %ige NaOH
Chitinase	30 - 100	2 mg	20	300	30	⎫
R-Glucanase	30 - 100	2 mg	20	300	120	⎬ 1 Minute auf 100°C
S-Glucanase	30 - 100	2 mg	20	300	bis zu 24 Std.	⎭

eine eigene Methode entwickelt. Als Reagenzien dienten
A. gesättigte Natriumtetraboratlösung (di-Natriumtetraborat-1o-hydrat, p.a., Merck Nr. 63o8) und
B. p-Dimethylaminobenzaldehyd (DMAB). 1o g DMAB (Merck Nr. 3o58) wurden in 1oo ml Eisessig (p.a., Merck Nr. 62 E) gelöst, der 12,5 % HCl (min. 37 %, p.a., Merck Nr. 317) enthielt. o.2 ml der Probelösung wurden mit o.1 ml Lösung A versetzt und 6 Minuten im siedenden Wasserbad erhitzt. Nach Abkühlen mit fließendem Leitungswasser wurden 2.o ml Lösung B zugegeben, gut geschüttelt und 45 Minuten bei Raumtemperatur stehen gelassen. Die Messung der Extinktion erfolgte bei 585 nm. Zur Herstellung einer Eichkurve dienten Lösungen von N-Acetylglucosamin (Sigma Nr. A 8625) mit einem Gehalt von 5, 1o, 25 und 5o µg/ml. Die Aktivität wurde berechnet als µmol N-Acetylglucosamin/mg Protein/Minute.

R-Glucanase und S-Glucanase: Nach Beenden der Enzymreaktion erfolgte ebenfalls eine Zentrifugation (2 Minuten bei 15ooo UpM). Im Überstand wurde der Glucosegehalt wie folgt bestimmt. 5o µl der Probelösung wurden mit 2.o ml einer o.8 m Lösung von o-Toluidin (p.a., Merck Nr. 831o) in Eisessig (p.a., Merck Nr. 62 E) versetzt, 8 Minuten im siedenden Wasserbad erhitzt und anschließend sofort in kaltem Wasser abgekühlt. Die Extinktion wurde bei 6oo nm gemessen. Die Standardlösung hatte einen Gehalt von 1 mg Glucose/ml. Die Aktivität wurde berechnet als µmol Glucose/mg Protein/Minute.

Proteinasen: Die Aktivität wurde bei den pH-Werten 4.o, 4.5 und 5.o nach der Methode von ANSON bestimmt (s. BERGMEYER, 1974).

4.5 Bestimmung des Proteingehalts

Der Proteingehalt wurde bestimmt nach der Methode von LOWRY et al. (1951) in der Abwandlung von SCHACTERLE und POLLACK (1973). Für die Eichkurve wurden Lösungen aus Albumin hergestellt (Albumin aus Rinderblut, Merck Nr. 12o18).

5. Lichtmikroskopische Beobachtungen

Für die mikroskopischen Beobachtungen dienten als Material Stielstücke oder Mycel des Stammes P.So 3oo4. Unter Zusatz von Acetatpuffer vom pH 4 erfolgte Zerkleinerung im Waring-Blendor bei Höchstgeschwindigkeit, und zwar 5 Minuten bei Stielstücken und 2 Minuten bei Mycel. Ein Tropfen des Homogenats wurde auf dem Objektträger mit einem Deckglas angepreßt und vor dem Austrocknen geschützt durch Versiegeln der Deckglasränder mit einer erhitzten Mischung aus Vaseline und Hartparaffin (1:1). Die Bebrütung fand bei 4o°C statt. Für die Prüfung der Chitinasewirkung wurden die Stielstücke vor dem Homogenisieren 5 Minuten gekocht, um die eigenen Enzyme zu inaktivieren, und die Zerkleinerung erfolgte mit Acetatpuffer vom pH 6. Ein Tropfen einer Lösung von 1 mg Chitinase von <u>Streptomyces griseus</u> (Sigma Nr. C 6137, Optima bei pH 6 und 25°C) in o.1 ml Acetatpuffer vom pH 6 wurde dem Objektträgerpräparat zugesetzt. Die Bebrütung erfolgte bei 25°C. Vor und nach der Inkubation fand eine Beobachtung unter dem Mikroskop (Zeiss) mit Öl-Immersion bei 1ooofacher Vergrößerung statt.

6. Behandlung von Stielstücken mit Pepsin und Trypsin

Hitzeinaktivierte Stielstücke von P.So 3oo4 wurden nach Zusatz von Phosphatpuffer vom pH 7.5 mit 5 mg Trypsin/ml (Merck Nr. 8367) 1o Stunden bei 35°C bebrütet. Die Lösung wurde abgegossen und die Stielstücke - nach 2maligem Waschen - mit o.o2 N HCl versetzt, die 5 mg Pepsin/ml (Merck Nr. 7185) enthielt. Es folgte Inkubation bei 35°C für 2o Stunden. Anschließend fand eine Konsistenzmessung statt.

7. Bestimmung des S-Glucananteils in der Zellwand

Nach der Methode von WESSELS (1965) wurden aus frischen, bzw. bei 4o°C und pH 4 bebrüteten, Stielstücken des Stammes P.So 3oo4 die Zellwände isoliert und vom Protein befreit. Die Zellwände aus frischem Material wurden gefriergetrocknet, die aus behandeltem mit Äthanol und Petroläther gewaschen und bei 3o°C getrocknet. Nach Zusatz von 3o ml 5 %iger KOH

pro g Zellwand erfolgte eine 17stündige Inkubation bei 25°C.
Die Rückstände wurden 3mal mit Wasser, 2mal mit Äthanol und
1mal mit Petroläther gewaschen und bei 30°C bis zur Gewichtskonstanz gewogen. Die Gewichtsdifferenz vor und nach der Alkalibehandlung ergab den S-Glucananteil.

8. Geschmackstest

Die Durchführung des Geschmackstests fand an zwei aufeinanderfolgenden Tagen statt. 5 Testpersonen kosteten jeweils
18 Stielstücke, wobei ihnen unbekannt war, aus welcher Charge
die einzelnen Stücke stammten, ob sie frisch oder gefroren,
bebrütet oder nicht bebrütet waren. Jeder erhielt die Stücke
in einer anderen Reihenfolge. Nach Probieren eines Pilzstücks
wurde etwas Brot gegessen und ein Schluck Wasser getrunken.
Für jedes Stück kreuzten die Prüfer auf einer Tabelle an, ob
es "angenehm", "unangenehm" oder "bitter" schmeckte. Bei
weder positivem noch negativem Eindruck wurde keine Aussage
gemacht.

9. Herstellung eines zellfreien Extrakts

Das Material wurde grob zerkleinert, unter Zusatz von Acetatpuffer vom pH 4 (3 ml/g Pilz) im Waring-Blendor 10 Minuten
bei Höchstgeschwindigkeit homogenisiert und anschließend
10 Minuten bei 5000 UpM zentrifugiert.

10. Weitere Methoden

Brühe wurde sterilfiltriert durch Membranfilter (Sartorius
Nr. 11366) mit 0.45 µm Porendurchmesser.
Zentrifugation bei 5000 UpM fand statt in einer Ecco-Zentrifuge mit Zentrifugenbechern (Polyallomer Tubes, Beckmann
Nr. 326823) à 30 ml, bei 15000 UpM in einer Eppendorf-Zentrifuge 3200 unter Verwendung von Eppendorf-Reaktionsgefäßen
(Nr. 8310) à 2 ml.
Extinktionen wurden mit Glasküvetten von 1 cm Schichtdicke
im Zeiss Spektralphotometer PM 4 gemessen.

VERSUCHE UND ERGEBNISSE

A. Konsistenzänderung von Fruchtkörperstielen

1. Entwicklung einer Methode zur Konsistenzprüfung

Wie einleitend berichtet, wurde bei Silierversuchen mit und ohne Zusatz von Milchsäurebakterien eine Konsistenzänderung von Stielstücken des Stammes P. ostreatus So 3oo4 festgestellt. Um die Abnahme der Zähigkeit prüfen und graphisch darstellen zu können, mußte eine einfache, reproduzierbare Methode angewandt werden. Als gut geeignet erwies sich die Ausübung von Druck auf einzelne Stielstücke. Jedes der ca. 1 cm^3 großen Stücke wurde in den umgedrehten Deckel einer Glaspetrischale von 8 cm Durchmesser gelegt und mit dem Boden dieser Petrischale beschwert (Abb. 1).

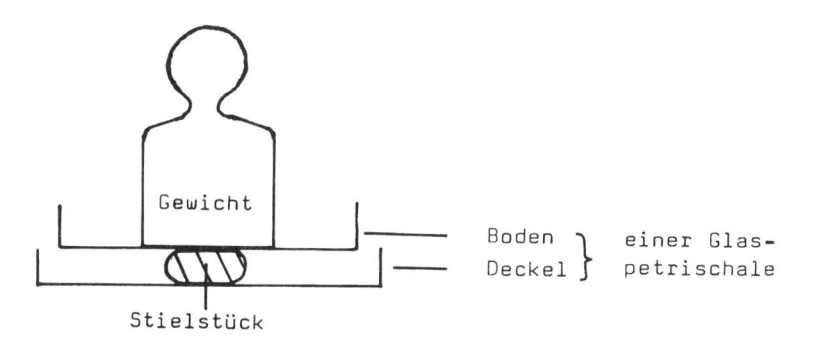

Abb. 1: Konsistenzprüfung von Stielstücken

Gewichte zwischen 1oo g und 3 kg wurden aufgelegt. Stielstücke, die sich bei Auflage bis zu 1 kg zerdrücken ließen, wurden als "weich" bezeichnet, diejenigen, die ganz blieben, als "zäh". Vor jedem Versuch fand eine Konsistenzprüfung des Materials statt. Es wurden nur solche Stücke ausgesucht, die sich bei Auflage von 2 kg nicht zerdrücken ließen. Tafel II

(s.S. 87) demonstriert, daß selbst bei Auflage von 3 kg bei
unbehandelten Stielen keine Formveränderung auftritt. Da es
besser durchzuführen und für die Beurteilung ausreichend war,
wurden bei der Kontrolle des Ausgangsmaterials maximal 2 kg
aufgelegt.

Die Darstellung erfolgte bei einigen Versuchen dreidimensio-
nal, wie an Hand von Abb. 2 im folgenden näher erläutert
werden soll. Jede senkrechte Säule zeigt die Prozentzahl der
Stielstücke, die bei der entsprechenden, schräg nach hinten
aufgetragenen Gewichtsauflage zerdrückt wurden. Je weiter
hinten also die Säulen stehen, desto zäher sind die geprüf-
ten Stücke. Die Säulen auf der schraffierten Fläche geben
die Prozentzahl Stielstücke an, die mit 1 kg nicht zerdrückt
werden konnten, also zäh waren. In der Waagerechten werden
jeweils unterschiedliche Parameter aufgetragen, in diesem
Fall das Alter der Silagen, aus denen die sterilfiltrierten
Brühen bzw. die Bakterien stammten. Jeder Versuch wurde min-
sestenz zweimal wiederholt. Für die dreidimensionale Darstellung wurde jeweils ein repräsentativer Einzelversuch ausge-
wählt, bei allen anderen Abbildungen wird nur die Prozentzahl
der weichen Stücke angegeben, und zwar immer als Mittelwert
aus allen Versuchen.

2. Ursachen der Konsistenzänderung

In den Silagen mit und ohne Beimpfung mit Milchsäurebakterien
betrug die Gesamtkeimzahl nach der Bebrütung in jedem Fall
ca. 10^9 Keime/ml. Das ließ durchaus vermuten, daß eine Abnahme der Zähigkeit durch bakterielle Tätigkeit bedingt sein
konnte. Um dies zu überprüfen, wurde der folgende Versuch
angesetzt. Nach Bebrütung (Inkubation) von Stielstücken in
1 %iger Kochsalzlösung bei 30°C für 1, 2 und 3 Tage wurden
die Bakterien durch Zentrifugation abgetrennt, mit physiologischer Kochsalzlösung gewaschen und auf je 10 autoklavierte

Abb. 2: Konsistenzänderung von autoklaviertem Material

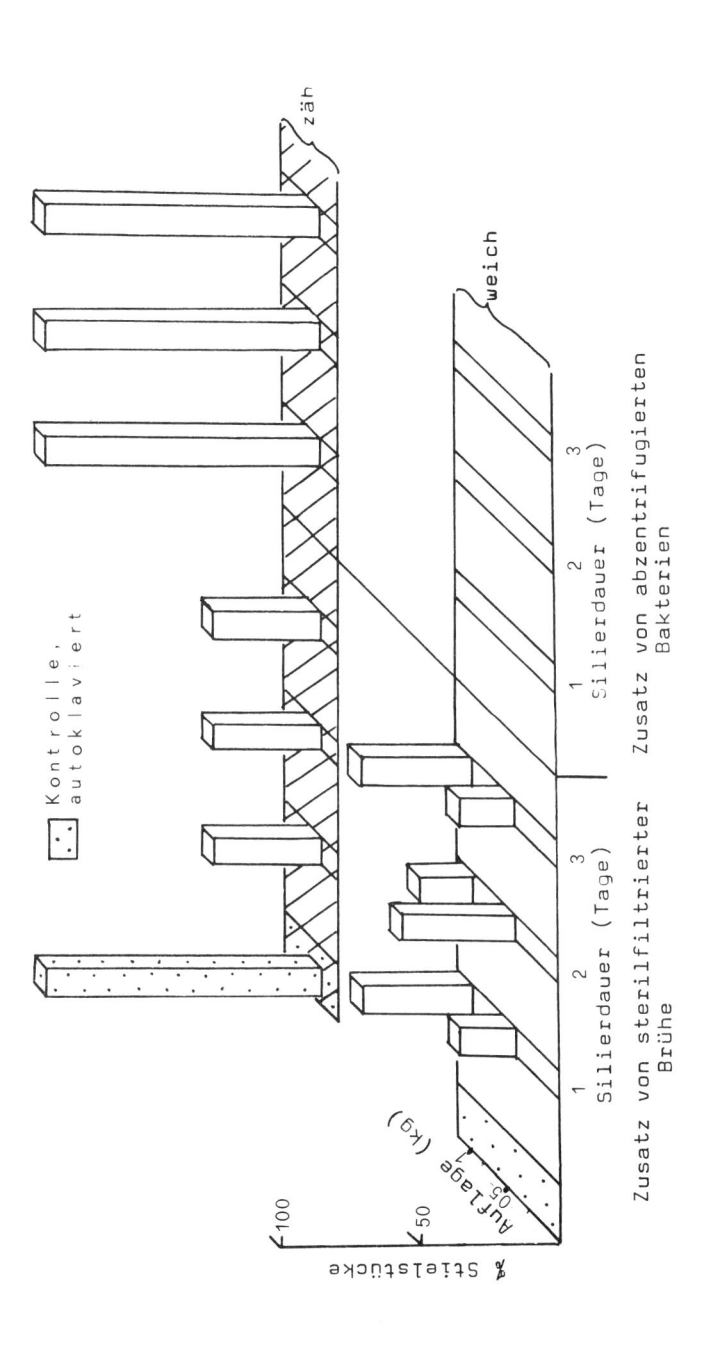

Prozent zerdrückbarer Stielstücke nach Zusatz von sterilfiltrierter Brühe oder Bakterien aus 1, 2 und 3 Tage alter Silage. Auswertung nach 5 Tagen Bebrütung bei 30°C

Stielstücke gegeben, die aus der gleichen Charge stammten,
wie die zur Herstellung der Silage. Parallel dazu wurde die
Silagebrühe sterilfiltriert und ebenfalls auf autoklaviertes
Material gegeben. Alle Gläser wurden 5 Tage bei 30°C bebrütet. Mit sterilfiltrierter Brühe aus 1, 2 oder 3 Tage alter
Silage (Abb. 2, links) werden 6o % der autoklavierten Stielstücke weich. Nach Zusatz von Bakterien (Abb. 2, rechts)
blieben die Stücke in jedem Fall zäh. Das Alter der Silage
(1, 2 oder 3 Tage) war ohne Bedeutung.

Dieses Ergebnis ließ vermuten, daß es nicht die Bakterien
sind, die die Stiele weichmachen, sondern Enzyme im Filtrat,
die kaum von Bakterien stammen konnten. Letztere hätten mit
neuem Substrat die gleichen Enzyme wieder produziert. Es war
vielmehr zu erwarten, daß es sich um Pilzenzyme handelt. Um
dies zu beweisen, wurden Fruchtkörper unter keimfreien Bedingungen kultiviert (s.S. 2o). Von jedem der ca. 3 - 4 cm langen Fruchtkörper wurde der Hut entfernt und ca. 1/3 des
Stieles zur Konsistenzprüfung abgeschnitten. Die Bebrütung
in Phosphatpuffer vom pH 4 bei 4o°C dauerte 1, 2, 3 und 5
Tage. pH 4 wurde gewählt, weil in Silagen die End-pH-Werte
bei 3.5 bis 4.5 lagen. Diese Bedingungen haben sich später
als optimal erwiesen (vgl. S. 35), so daß Wiederholungen bei
anderen Temperaturen überflüssig waren. Nach der Bebrütung
wurde jedes Stielstück zunächst auf Keimfreiheit überprüft.
Nur Stücke, die erwiesenermaßen keimfrei waren, kamen zur Auswertung. 6o % der keimfreien Stiele waren nach einem Tag
weich, 1oo % nach 3 Tagen (Abb. 3). Es ist damit bewiesen,
daß die Konsistenzänderung bei P. ostreatus eine partielle
Autolyse ist, d.h. ein teilweiser Abbau der Zellwand durch
pilzeigene Enzyme.

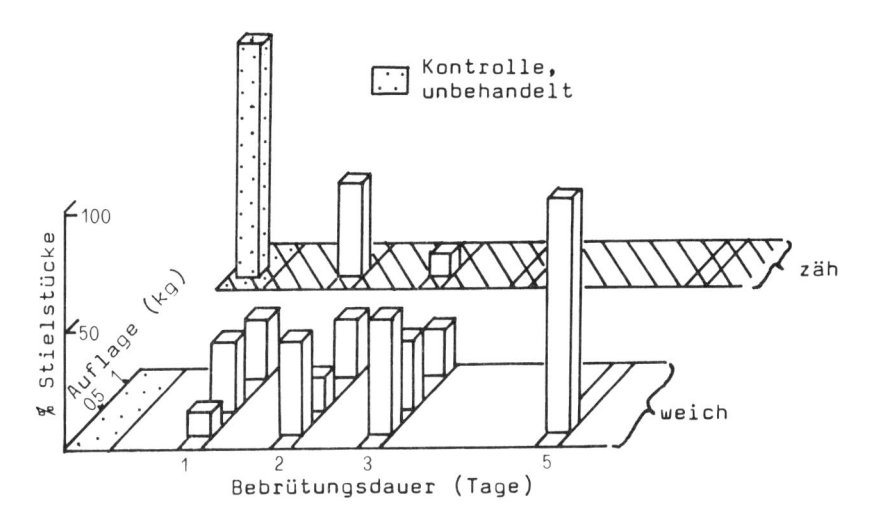

Abb. 3: keimfreies Material
Prozent der zerdrückbaren Stiele nach 1, 2, 3 und 5 Tagen Bebrütung bei 4o°C in Phosphatpuffer vom pH 4

3. Optimale Bedingungen zur Konsistenzänderung

In den Silageversuchen waren pH-Wert und Temperatur so gewählt, daß sie für mannitabbauende Milchsäurebakterien optimal waren. Diese Bedingungen brauchen für die Wirkung der Pilzenzyme nicht optimal zu sein. Deshalb wurde die Abhängigkeit der partiellen Autolyse von Temperatur und pH-Wert untersucht. Je 1o Stielstücke von P. ostreatus So 3oo4 wurden in Phosphatpuffer vom pH 4 bei 3o°, 35°, 4o°, 45° und 5o°C bebrütet. Es wurde ein dreifacher Ansatz gemacht und die Konsistenz nach 12, 24 und 48 Stunden gemessen. Für jede der drei Bebrütungszeiten ist das Ergebnis in Form einer Kurve in Abb. 4 dargestellt. Der Prozentsatz weicher Stiele war jeweils bei 35°- 4o°C am höchsten, d.h., die Stiele wurden bei diesen Temperaturen am schnellsten autolysiert. Nach 48 Stunden war das Material bei beiden Temperaturen

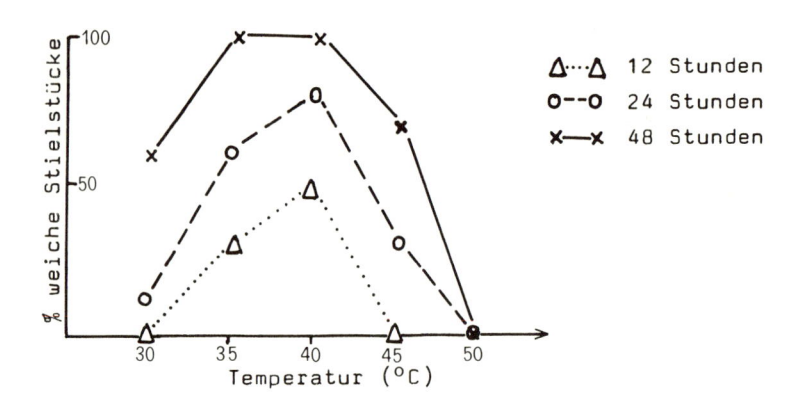

Abb. 4: **Abhängigkeit der Konsistenzänderung von der Temperatur**
Prozent weicher Stielstücke nach Bebrütung bei verschiedenen Temperaturen in Phosphatpuffer vom pH 4

vollständig weich. Das Temperaturoptimum liegt demnach bei 35° bis 40°C.

Ebenfalls je 1o Stielstücke wurden mit Pufferlösungen der pH-Werte 3.o, 3.5, 4.o, 4.5 und 5.o versetzt und 24 Stunden lang bei 40°C bebrütet. Um die Auswirkungen verschiedener Säuren zu testen, wurden jeweils 3 Ansätze gemacht, und zwar mit Phosphatpuffer, Citratpuffer und Lactatpuffer (s.S. 21). Eine Konzentration von o.15 M bei allen Puffern wurde gewählt, da vorangegangene Versuch zeigten, daß eine niedrigere Konzentration nicht ausreichte, um Bakterienwachstum zu verhindern. Diese Bakterien beeinflußten den End-pH-Wert und verfälschten dadurch die Ergebnisse.

Bei pH 4 waren nach 24 Stunden 7o - 8o % der Stielstücke weich geworden, unabhängig von der Art des verwendeten Puffers. Bei pH 3.5 und 4.5 waren es 4o - 5o %, bei pH 3 und 5 weniger als 3o %. Die autolytischen Enzyme wirken also optimal bei pH 4 und werden von der Art des Puffers nicht beein-

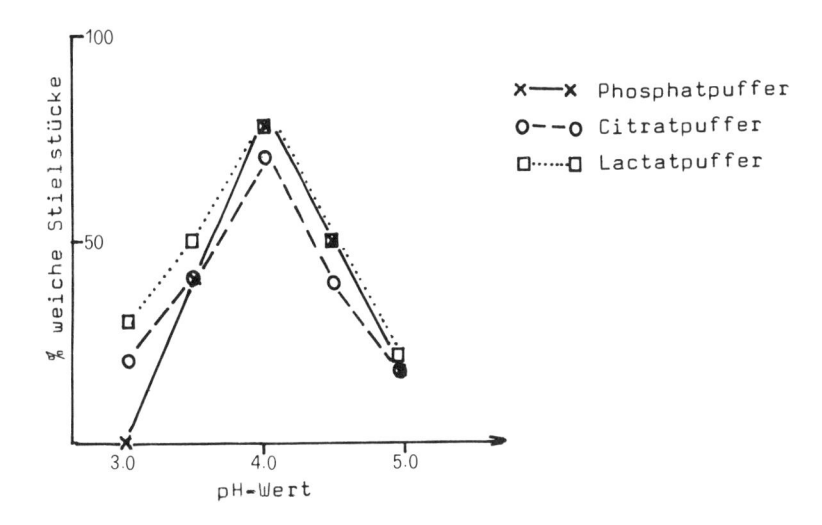

Abb. 5: **Abhängigkeit der Konsistenzänderung vom pH-Wert**
Prozent weicher Stielstücke nach 24 Stunden Bebrütung in Pufferlösungen mit unterschiedlichen pH-Werten bei 4o°C

flußt. Ein Vergleich der Abbildungen 4 und 5 demonstriert die gute Reproduzierbarkeit der Versuche. In jedem Fall waren bei pH 4 und 4o°C nach 24 Stunden 7o - 8o % der Stielstücke weich geworden. Da die optimalen Bedingungen für die Konsistenzänderung der Stiele von P. ostreatus 4o°C und pH 4 betragen, wurden alle weiteren Experimente unter diesen Bedingungen durchgeführt, wenn keine anderen Angaben gemacht werden.

4. Konsistenzänderung bei anderen Stämmen und Pilzarten

Alle bisherigen Untersuchungen wurden mit einem sogenannten "Niedrigtemperaturstamm" von P. ostreatus gemacht. Die Möglichkeit einer partiellen Autolyse ist aber auch bei anderen Pleurotus Stämmen und anderen Pilzarten von Interesse. Deshalb wurde folgendes Material auf Weichwerden in saurer Lö-

sung getestet:
A. frische bzw. gefrorene Stiele eines Hochtemperaturstammes von P. ostreatus, Stamm P.So 3o25,
B. frische Stiele des Kulturchampignons, Agaricus bisporus,
C. frische Stiele vom Shi-i-take, Lentinus edodes.

Unter Verwendung von Citratpuffer wurde wie in den vorangegangenen Versuchen das Temperaturoptimum bei pH 4 und das pH-Optimum bei 4o°C bestimmt. Wie Abb. 6 zeigt, liegt auch bei P.So 3o25 und bei A. bisporus das Temperaturoptimum bei 35°- 4o°C und das pH-Optimum bei pH 4. Beim Hochtemperaturstamm P.So 3o25 verlief die partielle Autolyse wesentlich langsamer als bei P.So 3oo4. Nach 2 Tagen waren nur 3o -4o % der Stielstücke weich, 9o - 1oo % konnten erst nach 5 Tagen erreicht werden. Bei A. bisporus verläuft die Konsistenzänderung ebenfalls langsamer als bei P. So 3oo4, aber schneller als beim Hochtemperaturstamm. Um 1oo % weiche Stiele zu bekommen, muß man 3 Tage bei optimalen Bedingungen bebrüten. Die besonders zähen Stiele des L. edodes (Abb. 7) müssen, wie P.So 3o25, 5 Tage lang bebrütet werden, um 9o - 1oo % weiche Stücke zu erreichen.

Demnach ist eine partielle Autolyse bei allen untersuchten Pilzstämmen vorhanden. Das pH-Optimum liegt in jedem Fall bei pH 4, das Temperaturoptimum von P. ostreatus und A. bisporus bei 35°- 4o°C, bei L. edodes etwas höher, nämlich bei 4o°- 45°C. Größere Unterschiede gibt es in der Dauer des Weichwerdens unter optimalen Bedingungen. Das könnte daran liegen, daß die autolytischen Enzyme bei den einzelnen Stämmen in anderer Quantität vorhanden, die Aktivitäten unterschiedlich hoch oder die Zellwandstrukturen verschieden sind. Auf diese Fragen soll im Teil D näher eingegangen werden.

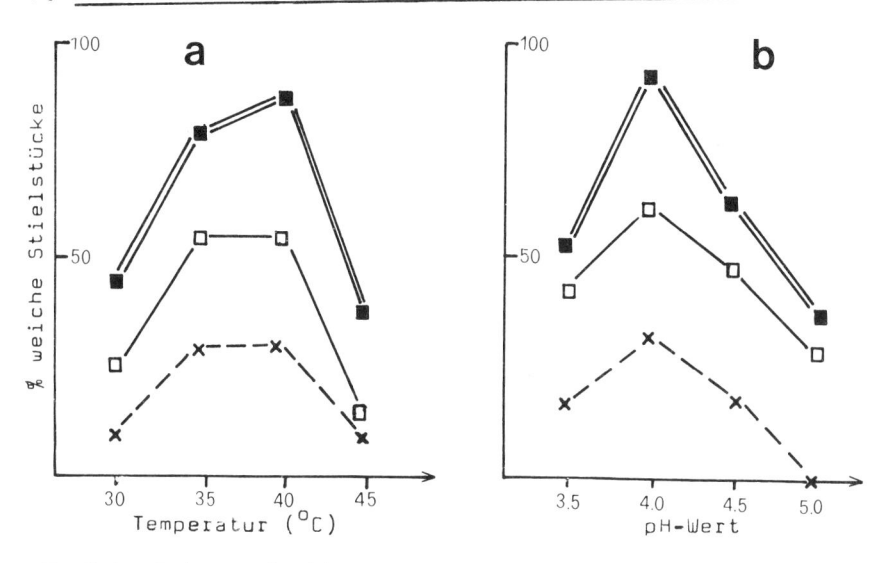

A. Material von P. ostreatus, Hochtemperaturstamm P.So 3o25

B. Material von A. bisporus

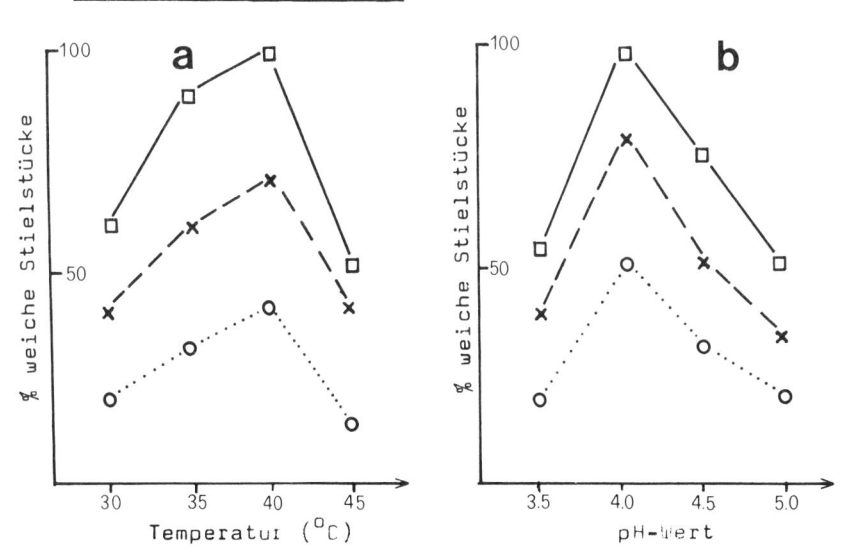

Abb. 6: Prozent weicher Stielstücke nach
O······O 1, ✗---✗ 2, □——□ 3 und ■══■ 5 Tagen
Bebrütung in Citratpuffer
a) bei pH 4 in Abhängigkeit von der Temperatur
b) bei 4o°C in Abhängigkeit vom pH-Wert

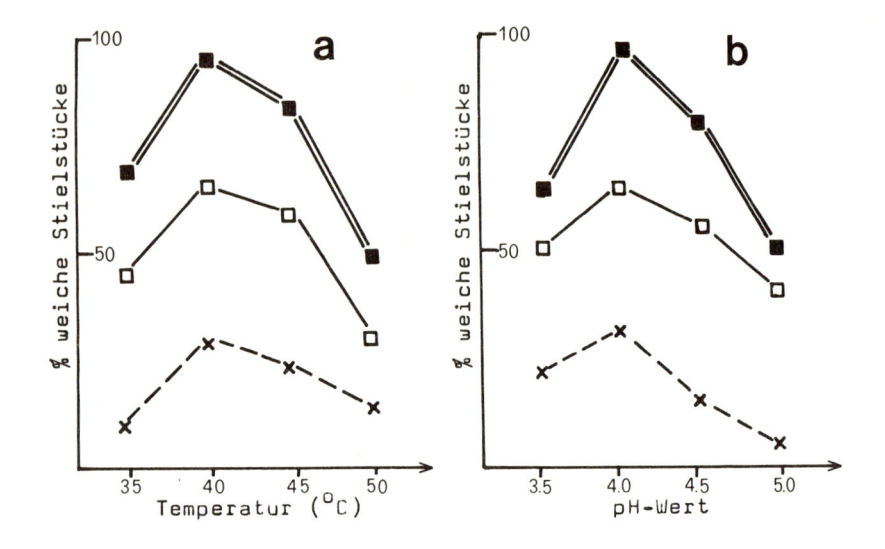

Abb. 7 : Material von L. edodes
Prozent weicher Stielstücke nach
x---x 2, □——□ 3 und ■══■ 5 Tagen Bebrütung
in Citratpuffer
a) bei pH 4 in Abhängigkeit von der Temperatur
b) bei 4o°C in Abhängigkeit vom pH-Wert

B. Worauf beruht die Konsistenzänderung ?

In den vorhergehenden Experimenten wurde eine Abnahme der
Zellwandfestigkeit von Stielstücken auf mechanischem Weg,
durch Zerdrücken, festgestellt. Im folgenden soll untersucht
werden, worauf der Verlust der Zähigkeit beruht. Hierfür ist
zunächst ein Überblick über die Zusammensetzung der Zellwände
bei Basidiomyceten notwendig.

1. Zellwandaufbau bei Basidiomyceten

Der Aufbau der Zellwand von P. ostreatus ist bisher nicht
untersucht worden. Analysen von anderen Basidiomyceten stimmen darin überein, daß die Zellwände aus einem alkalilöslichen
Teil, überwiegend α-Glucan (S-Glucan), und einem alkaliunlöslichen Teil bestehen, der hauptsächlich aus Chitin und einem
ß-Glucan (R-Glucan) zusammengesetzt ist (BARTNICKI-GARCIA,
1968). Der Anteil der einzelnen Bestandteile kann dabei stark
variieren (s. Tab. 2).

Für alle Arten betragen die S-Glucan-Werte 67.5 - 87.5 % der
alkalilöslichen Fraktion, wobei diese an der Gesamtzellwand
unterschiedlich beteiligt ist. Im alkaliunlöslichen Teil sind
Chitin und R-Glucan in wechselnden Mengen vorhanden. Um diese
Werte beurteilen zu können, muß man wissen, daß die quantitative Zusammensetzung der Zellwand von vielen Faktoren abhängig ist. Bei Schizophyllum commune ist nach WESSELS (1965)
und SCHWALB (1977) das Verhältnis von S-Glucan/R-Glucan vom
Entwicklungsstadium abhängig. Es ist im Mycel anders als in
Stielen und Hüten, und es variiert zudem von Stamm zu Stamm.
Auch WANG et al. (1968) zeigen eine Differenz in der Zellwandzusammensetzung bei morphologischen Mutanten. WESSELS
und NIEDERPRÜM (1967) berichten über Unterschiede im Verhältnis S-Glucan/R-Glucan zwischen Homo-, Di- und Hetero-
karyen des gleichen Stammes. Nach WESSELS und MARCHANT (1974)
sind die Längswände anders zusammengesetzt als die Septen.
Mit enzymatischen Lyseversuchen konnten sie nachweisen, daß
in den Querwänden zwar auch Chitin und R-Glucan vorhanden
sind, offenbar aber kein S-Glucan. Auch waren die Septen im

Tabelle 2: Quantitative Zusammensetzung der Mycelwände einiger Basidiomyceten

Organismus	Autoren	KOH-löslicher Teil		KOH-unlöslicher Teil		
		% der Gesamt-zellwand	Anteil S-Glucan (%)	% der Gesamt-zellwand	Anteil R-Glucan (%)	Anteil Chitin (%)
Schizophyllum commune	SIETSMA und WESSELS (1977)	42,5	7o,5	57,5	67,1	18,7
Schizophyllum commune	O'BRIEN und RALPH (1966)	-*	77,8	-	61,6	3o,9
Armillaria mellea	"	-	67,5	-	56,6	15,9
Lentinus strigosus	"	-	69,8	-	28,2	52,1
Agaricus bisporus	MICHALENKO et al. (1976)	16	87.5	84	27	51

* -: keine Angaben

Dikaryon wesentlich resistenter gegen R-Glucanase/Chitinase-Behandlung als die im Monokaryon.

ITEN (1968) gibt auf Grund von Dünnschichtchromatogrammen von Zellwandhydrolysaten aus Mycel, Stielen und Hüten von Coprinus lagopus über 9o % Chitin an. Untersuchungen des Autolysesafts von Coprinus comatus durch BUSH (1974) lassen aber darauf schließen, daß auch Glucane in den Zellwänden von Coprinus-Arten eine Rolle spielen. Bush fand eine 26mal höhere Aktivität einer ß-1,3-Glucanase gegenüber Chitinase.

In den letzten Jahren wurden auch Versuche zur Aufklärung der Struktur von Zellwänden durchgeführt, z.B. von MICHA-LENKO et al. (1976) bei Agaricus bisporus. Auf Grund von elektronenmikroskopischen Untersuchungen in Verbindung mit Alkalieinwirkung, gefolgt von Behandlung mit ß-1,3-Glucanase und Chitinase, geben diese Autoren für die Mycelwände folgendes Modell an: Es existieren 3 Zellwandschichten. Die innere besteht aus Chitinfibrillen in einer ß-1,3-Glucan-Matrix. Es folgt eine Schicht aus alkalilöslichem α-Glucan, und außen liegt ein Schleim aus wasserlöslichem Glucan der Wand auf. Durch Färbung von elektronenmikroskopischen Präparaten wiesen die Autoren außerdem cystinhaltige Proteine in allen Wandschichten nach. Quantitative Bestimmungen ergaben einen Proteingehalt von 16 %.

Einen entsprechenden Aufbau (Chitin in R-Glucan-Matrix, S-Glucan, wasserlösliches Glucan) fanden WESSELS et al., (1972) und SIETSMA und WESSELS (1977) auch bei Schizophyllum commune. Sie analysierten zusätzlich noch die genaue Struktur der einzelnen Wandbestandteile: Der wasserlösliche Schleim auf der Außenseite ist eine ß-1,3-verbundene Glucankette mit ß-1,6-verknüpften Glucoseeinheiten. Das alkalilösliche S-Glucan besteht ausschließlich aus α-1,3-verbundener Glucose. Das alkaliunlösliche R-Glucan, das in enger Verbindung mit Chitin vorkommt, ist ein hochverzweigtes ß-1,3/ß-1,6-Glucan. Sowohl das Verhältnis der ß-1,3- zu den ß-1,6-Verbindungen, als auch die Zahl der Verzweigungsstellen können zwischen zwei Stämmen variieren. Die detaillierte

Struktur des R-Glucans ist vermutlich stammspezifisch. Das Vorhandensein einer getrennten Proteinschicht, wie sie von HUNSLEY und BURNETT (1970) auf Grund elektronenmikroskopischer Beobachtungen in den Wänden von S. commune vermutet wurde, konnten SIETSMA und WESSELS (1977) nicht bestätigen. Sie nehmen vielmehr an, daß die in der R-Glucan/Chitinschicht gefundenen Aminosäuren (8,4 % der Gesamtzellwand) an einer Bindung zwischen R-Glucan und Chitin beteiligt sind.

Aus den genannten Befunden ergibt sich, daß man auch bei P. ostreatus einen dreischichtigen Aufbau der Zellwand erwarten kann, der von Stamm zu Stamm unterschiedlich ist. Die Konsistenzänderung könnte also verursacht werden durch

a. das Herauslösen von Protein oder Aminosäuren,
b. teilweisen oder kompletten Abbau der R-Glucan/Chitin- oder der S-Glucan-Schicht,
c. teilweisen Abbau aller Schichten.

Die dritte, äußere Schleimschicht wird im Folgenden außer acht gelassen, weil sie wasserlöslich ist.

2. Mikroskopische Beobachtungen

Um erste Anhaltspunkte zu bekommen, wurde ein Homogenat aus frischen Stielstücken des Stammes P.So 3004 in einem Objektträgerpräparat bei pH 4 und 40°C inkubiert und vor und nach der Behandlung bei 1000facher Vergrößerung unter dem Mikroskop betrachtet (s.S. 27). Es stellte sich heraus, daß die Zellwände durch die Behandlung eindeutig dünner wurden, ohne je ganz zu verschwinden (Tafel III). Außerdem ist die vorher sehr starke Lichtbrechung nach der Bebrütung deutlich abgeschwächt. Es findet demnach ein Schwund an Masse statt.

Aus welcher Schicht der Zellwand bei der partiellen Autolyse Substanz abgebaut wird, ließe sich durch elektronenmikroskopische Feinanalysen feststellen. Diese liegen aber nicht im Rahmen der eigenen Ausbildung und der Möglichkeiten des Instituts. Deshalb wurde versucht, über die Bestimmung der Aktivitäten in Frage kommender Enzyme einige Informationen zu gewinnen.

3. Abbau von Proteinen

v. NETZER (1978) hat in Fruchtkörpern von P. ostreatus bei pH 4 hohe Proteinaseaktivitäten gefunden. Es war darum damit zu rechnen, daß sie auch beim Weichwerden von Stielstücken eine Rolle spielen könnten, indem sie durch Lösen von Peptidbindungen die Struktur auflockern. Deshalb wurde aus der Brühe von bebrüteten Stielstücken des Stammes P.So 3oo4 das Protein gefällt, dialysiert und auf Proteinaseaktivität geprüft (s. METHODEN, Punkt 4). Unter den zur Konsistenzänderung von Stielstücken optimalen Bedingungen war jedoch keine Proteinaseaktivität nachweisbar. Auch würde das Herauslösen eines - laut Literaturangaben (s.S. 41/42) maximal 16 % betragenden - Proteinanteils den mikroskopisch beobachteten Schwund an Masse nur schwer erklären. In weiteren Versuchen wurden Stielstücke, deren Enzyme durch Hitze inaktiviert waren, zuerst mit Pepsin bei pH 1.5 und 35°C, anschließend mit Trypsin bei pH 7.5 und 35°C inkubiert (s.S.27). Vor und nach der Behandlung wurde ihre Konsistenz bestimmt. Sie hatte sich nicht verändert. Damit ist erwiesen, daß die Konsistenzänderung von Stielstücken nicht auf die Tätigkeit von Proteinasen zurückzuführen ist, und daß Proteine keinen wesentlichen Beitrag zur Festigkeit der Zellwände leisten.

4. Bestimmung von Enzymaktivitäten in gefälltem Protein

Für die partielle Autolyse kommen noch Chitobiase (N-Acetyl-ß-D-glucosaminidase), Chitinase, R-Glucanase und S-Glucanase in Frage. Stielstücke von P. ostreatus So 3oo4 wurden 2o Stunden in Acetatpuffer vom pH 4 bei 4o°C bebrütet, das Protein aus der Fermentationsbrühe gefällt und dialysiert (s.S. 23). Von dieser "Rohenzymlösung" wurde der Proteingehalt bestimmt und die einzelnen Aktivitäten in Abhängigkeit von pH und Temperatur gemessen, wie in METHODEN, Punkt 5, eingehend beschrieben.

Bei der Beurteilung der im folgenden berichteten Ergebnisse
ist zu beachten, daß die Bestimmung der Chitinase- und Glu-
canaseaktivitäten sehr problematisch ist, da die Substrate
nur in fester Form zu verwenden waren. Ein lösliches Substrat - 3.4-Dinitrophenyl-tetra-N-acetyl-ß-D-chitotetraoside -
das laut GOODAY (1978) eine einfache Bestimmung der Chitinaseaktivität durch Farbreaktion erlaubt, war von der Her-
stellerfirma leider nicht lieferbar, da sie Schwierigkeiten
mit der Produktion hatten. Es mußte darum Chitin aus Hummerschalen aufgearbeitet werden (s.S. 23). Auf die Verwendung
von Laminarin als Substrat für die R-Glucanase wurde verzichtet, da R-Glucan und Laminarin von Rohenzymextrakten unterschiedlich stark abgebaut werden können (WESSELS und NIE-
DERPRUEM, 1967). Deshalb wurde R-Glucan aus den Pilzzellwänden
isoliert (s.S. 24). Die Substrate wurden so fein wie möglich
verteilt und für alle Bestimmungen dieselbe Suspension verwendet. Ansätze mit verschiedenen Substratkonzentrationen
ergaben dennoch keine Sättigungskurve. Da alle Bestimmungen
unter den gleichen Bedingungen durchgeführt wurden, ist es
möglich, die Ergebnisse dieser Arbeit miteinander zu vergleichen. Ein Vergleich mit den Werten anderer Autoren ist
aber sehr schwierig, z.T. unmöglich, da jeder die für ihn
geeignete Methode wählte (andere Substratmengen, andere
Enzymkonzentrationen, etc.) und die Aktivität auf andere
Art berechnet.

In der Rohenzymlösung ist Chitobiaseaktivität vorhanden
(Abb. 8). Sie ist bei pH 4 und 40°C am höchsten. Pro Minute
werden unter diesen Bedingungen ca. 0.18 µmol p-Nitrophenol
freigesetzt. Die Chitinaseaktivität hat einen breiten Gipfel
von pH 3.5 - 5.0. Der optimale Temperaturbereich ist 40°- 45°C.
Bei pH 4 und 45°C werden fast 0.1 µmol N-Acetylglucosamin
pro Minute freigesetzt (Abb. 9). Eine optimale Aktivität
der R-Glucanase ist bei pH 4.0 - 4.5 und 45°C festzustellen
(Abb. 10). Bei diesen Bedingungen werden ca. 0.18 µmol
Glucose/Minute freigesetzt. S-Glucanase konnte nicht nachgewiesen werden.

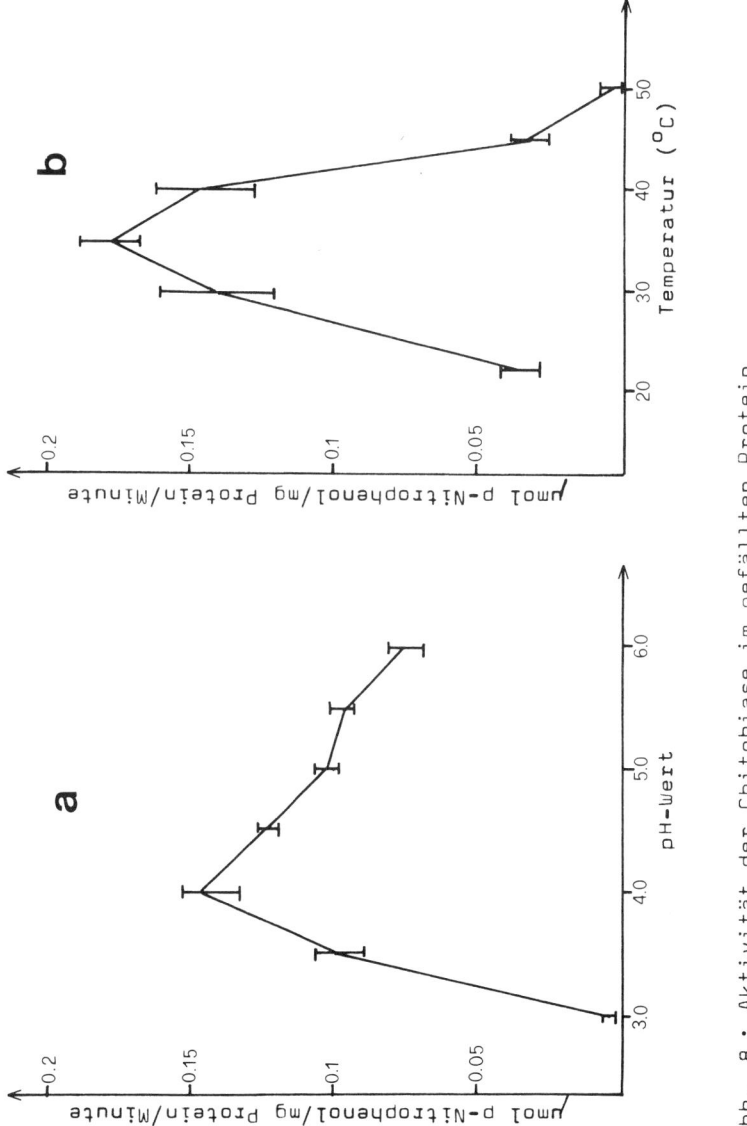

Abb. 8 : Aktivität der Chitobiase im gefällten Protein

a. in Abhängigkeit vom pH-Wert bei 40°C
b. in Abhängigkeit von der Temperatur bei pH 4

Abb. 9: Aktivität der Chitinase im gefällten Protein

a. in Abhängigkeit vom pH-Wert bei 40°C
b. in Abhängigkeit von der Temperatur bei pH 4

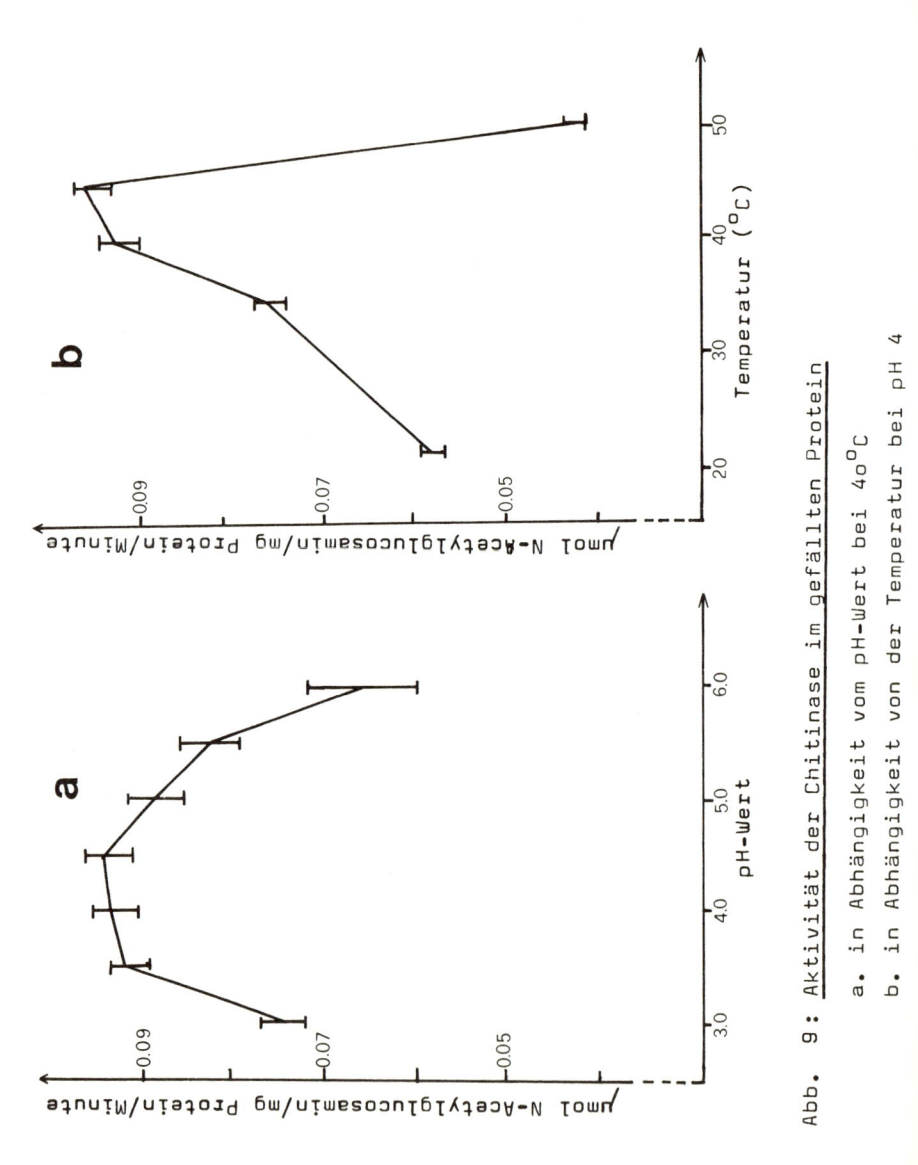

Abb. 1o: Aktivität der R-Glucanase im gefällten Protein

a. in Abhängigkeit vom pH-Wert bei 40°C
b. in Abhängigkeit von der Temperatur bei pH 4

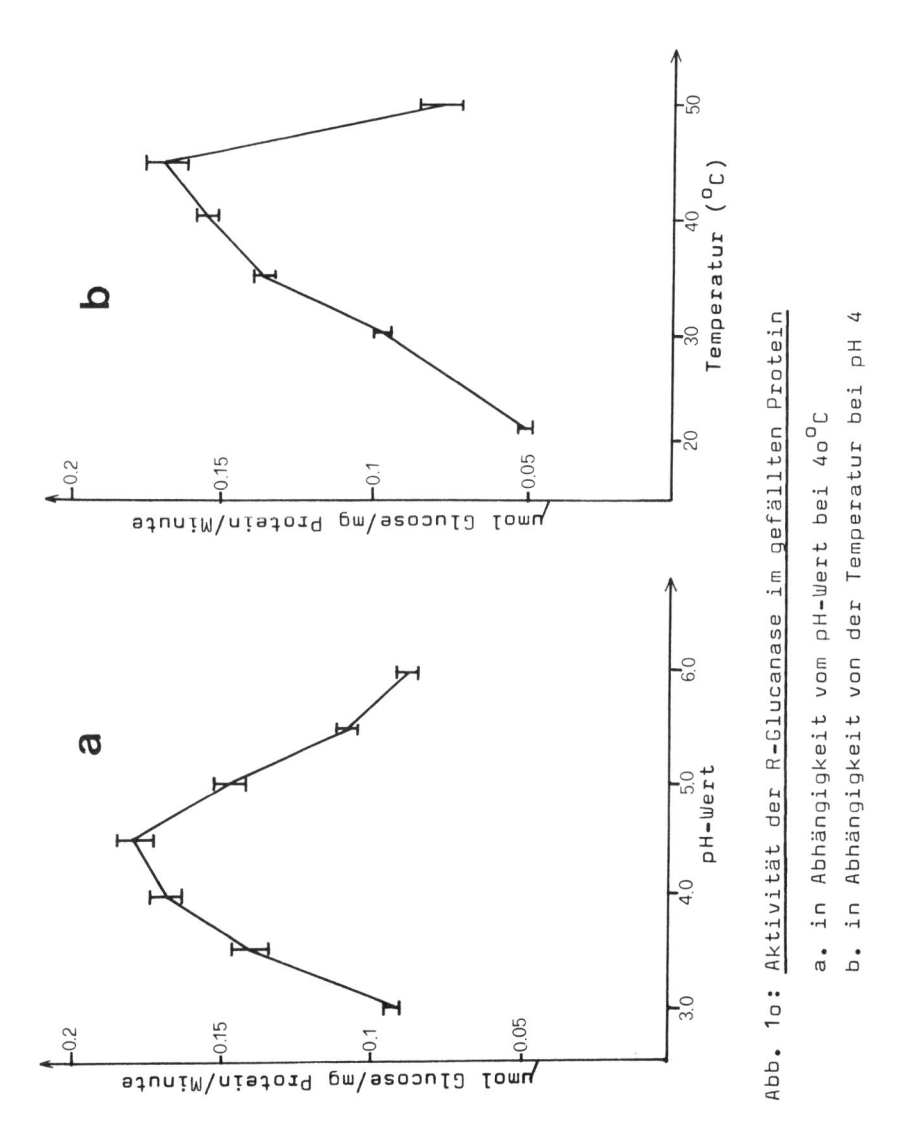

In Tabelle 3 sind die optimalen Bedingungen für das Weichwerden von Stielstücken und für die untersuchten Enzyme zusammengestellt. Aus ihr ergibt sich, daß Chitobiase, Chitinase und R-Glucanase für die partielle Zellwandautolyse in Frage kommen.

Tabelle 3: <u>Vergleich der optimalen Bedingungen für das Weichwerden von Stielstücken mit denen der einzelnen Enzyme</u>

	pH-Optimum	T-Optimum (^{o}C)	Aktivität *
Weichwerden von Stielstücken	4	4o	
Chitobiase	4.o	35	o.18
Chitinase	3.5 - 5.o	4o - 45	o.1
R-Glucanase	4.o - 4.5	45	o.19
S-Glucanase	nicht nachweisbar	nicht nachweisbar	-

* Die Aktivität wurde angegeben in µmol Reaktionsprodukt pro mg Protein/Minute

Da S-Glucanase nicht nachweisbar ist, ist zu vermuten, daß die aus Chitin und R-Glucan bestehende innere Zellwandschicht abgebaut wird. Der Zellwandrest nach einer Autolyse müßte demnach zum größten Teil aus S-Glucan bestehen. Dies wurde im folgenden Versuch überprüft. Stielstücke von P.So 3oo4 wurden vor und nach dem Weichmachen homogenisiert, gewaschen, enteiweißt, getrocknet und gewogen. Nach Behandlung mit 5 %iger KOH für 17 Stunden bei 25°C wurden die Zellwandreste erneut gewaschen, getrocknet und gewogen (s.S. 27). Vor dem Weichmachen, also in frischen Stücken, ergab sich ein Gewichtsverlust von 38 - 45 %, nach der Bebrütung dagegen von 65 - 73 %. Der S-Glucananteil im Wandmaterial hat demnach als Folge der Autolyse stark zugenommen, während der alkaliunlösliche Teil von ca. 60 % auf ca. 30 % reduziert wurde. Selbst wenn der Fehler durch Auswaschen bei den bebrüteten Proben relativ etwas größer sein sollte, erlauben die Werte den Schluß, daß bei der partiellen Autolyse überwiegend die R-Glucan/Chitin-Schicht abgebaut wird.

Zusammenfassend kann festgestellt werden:

Die Abnahme der Zähigkeit von Stielstücken während der partiellen Autolyse beruht nicht auf dem Abbau vernetzender Proteine. Unter den Bedingungen zum Weichwerden sind Proteinasen nicht aktiv. Zu hitzeinaktivierten Stielstücken zugesetzte Fremdproteinasen (Pepsin, Trypsin) vermindern die Zähigkeit nicht.

Im gefällten Protein aus der Brühe von partiell autolysierten Stielstücken sind Chitobiase, Chitinase und R-Glucanase nachweisbar. Ihre Aktivitätsoptima für pH-Wert und Temperatur stimmen mit denen für das Weichwerden gut überein.

S-Glucanasen sind an der Konsistenzänderung nicht oder nur wenig beteiligt. In gefälltem Protein aus Brühe von partiell autolysierten Stielstücken sind sie nicht nachweisbar. In Wänden von bebrüteten Stielstücken ist der S-Glucananteil auf 65 - 70 % erhöht gegenüber ca. 40 % bei frischen Stielen, während die R-Glucan/Chitin-Schicht um die Hälfte reduziert wird. Dies kann nur darauf beruhen, daß entweder Chitin oder R-Glucan oder beide abgebaut werden.

Die Ergebnisse insgesamt berechtigen zu dem Schluß, daß die innere Zellwandschicht aus Chitin und R-Glucan für die Zähigkeit von Stielen verantwortlich ist, und daß bei der partiellen Autolyse aus dieser Schicht Substanz abgebaut wird.

C. Untersuchungen zur praktischen Anwendung

Die bisher berichteten Ergebnisse bilden die Grundlage für eine Methode zur Verwertung zäher Pilzstiele. Bevor eine praktische Anwendung - z.B. als Konserve, die für den menschlichen Konsum geeignet und für den Hersteller rentabel ist - erwogen werden kann, müssen noch einige Fragen geklärt werden. Ein wichtiges Problem ist die Lagerung von Material, das nicht sofort verarbeitet werden kann. Bei der Produktion von P. ostreatus kann es zu unregelmäßig hohem Anfall von Stielen kommen, da die Länge der Stiele und auch die Höhe der Gesamternte witterungs- und jahreszeitabhängig ist. In einem Gemischtbetrieb, der nur konserviert, wenn genügend Zeit vorhanden ist, muß eine plötzlich anfallende größere Menge von Pilzmaterial oft erst gelagert werden, bevor sie verarbeitet werden kann. Als Lagerungsmöglichkeit kommt zunächst Einfrieren in Betracht. Es muß also überprüft werden, ob und wie sich die Wirkung autolytischer Enzyme durch Lagerung in gefrorenem Zustand verändert. Auch durch Hitzebehandlung wie Blanchieren, Kochen oder Sterilisieren kann Material einer mehr oder weniger langen Lagerzeit unterworfen werden. Dabei werden allerdings auch die Enzyme unwirksam. Es ist deshalb notwendig, zu wissen, ob hitzebehandelte Stielstücke mit Enzymen aus frischem Material weich gemacht und in welcher Form diese Enzyme zugesetzt werden können. Entscheidend dabei ist auch die Frage, wie robust die Enzyme sind, ob also besonderer Aufwand (z.B. Kühlung) für ihre Handhabung notwendig ist. Als ein weiteres Problem stellt sich schließlich die Frage, ob ein Produkt aus sauren Pilzstielen als Konserve für den menschlichen Verzehr geeignet ist. Es sind Untersuchungen erforderlich über mikrobielle Sicherheit, Haltbarkeit und Geschmack.

1. Verwendung gefrorenen Materials

Schon bei den ersten Experimenten zur Silierung wurde außer frischen Stielen auch Material verwendet, das unblanchiert bei -18°C gelagert worden war. Abgesehen von Differenzen zwischen verschiedenen Chargen - die bis zu 2o % betragen können - entsprachen die Ergebnisse in diesen Vorversuchen den mit frischem Material gewonnenen. Um festzustellen, ob tatsächlich keine Beeinträchtigung der autolytischen Enzyme eintritt und keine Veränderung der Autolysebedingungen durch Freisetzung von anderen Enzymen, wurden Stielstücke von P.So 3oo4 unblanchiert bei -18°C ca. 6 Monate lang gelagert und anschließend in Citratpuffer 24 Stunden lang bebrütet, und zwar einmal bei pH 4 und unterschiedlichen Temperaturen, zum anderen bei 4o°C und unterschiedlichen pH-Werten.

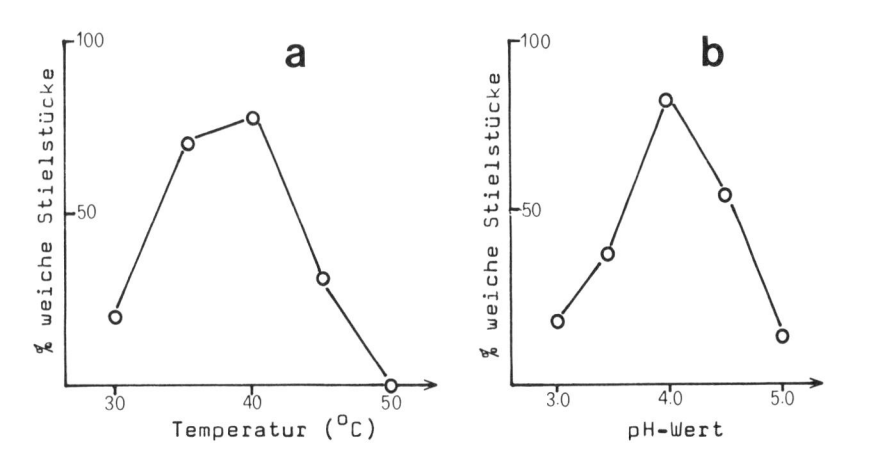

Abb. 11: Konsistenzänderung bei gefrorenem Pilzmaterial
(6 Monate bei -18°C gelagert)
Prozent weicher Stielstücke nach 24 Stunden Bebrütung
a. in Abhängigkeit von der Temperatur bei pH 4
b. in Abhängigkeit vom pH-Wert bei 4o°C

Ein Vergleich der Abbildung 11 mit den Abbildungen 4 und 5
(s.S. 34 und 35) zeigt, daß sich weder Temperatur- noch pH-
Optimum bei Verwendung gefrorenen Materials verändern. Auch
hier werden die meisten Stielstücke bei 35°- 4o°C und pH 4
weich. Der prozentuale Anteil weicher Stücke ist etwa gleich
groß wie bei Verwendung frischen Materials. Bei verschiedenen
Chargen sind Unterschiede bis zu 2o % durchaus üblich. Demnach
werden die autolytischen Enzyme durch Einfrieren nicht
geschädigt. Es werden auch keine neuen Enzyme aktiviert, die
die Autolyse beeinträchtigen oder die Versuchsbedingungen
variieren. Um festzustellen, wie lange die Aktivität der Enzyme
erhalten bleibt, wenn die Pilze unblanchiert bei -18°C
aufbewahrt werden, wurden Stielstücke verschiedener Chargen
1 Woche, 5, 11, 17 und 23 Monate gelagert und dann unter optimalen
Bedingungen 48 Stunden lang bebrütet.

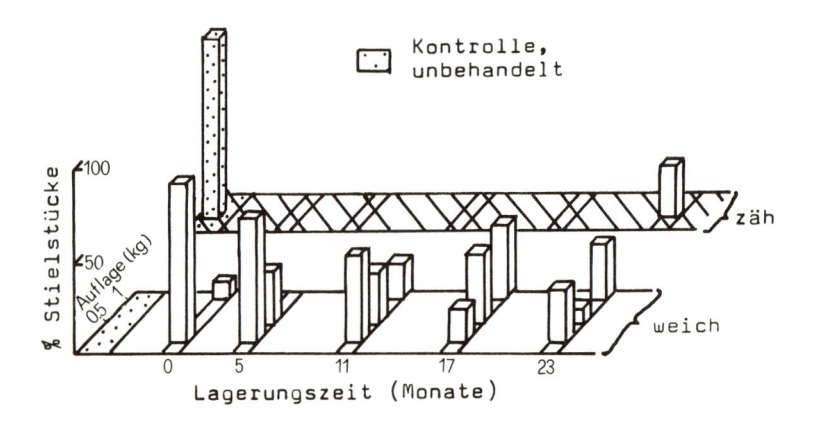

Abb. 12: Konsistenzänderung von gefrorenem Pilzmaterial in

Abhängigkeit von der Lagerungszeit

Prozent zerdrückbarer Stielstücke nach 48 Stunden
Bebrütung bei 4o°C in Citratpuffer vom pH 4. Das
Material wurde vor der Verarbeitung bis zu 23 Monaten
bei -18°C gelagert

1oo %iges Weichwerden der Stiele ist noch nach Lagerung bis
zu 17 Monaten bei -18°C möglich (Abb. 12). Erst ab 23 Monaten ist die partielle Autolyse abgeschwächt. Demnach könnte
Pilzmaterial in gefrorenem Zustand gesammelt und dann verarbeitet werden.

2. Weichmachen von hitzeinaktiviertem Material

Schon die ersten Versuche (s.S. 31 haben gezeigt, daß es
möglich ist, Stiele weich zu machen, deren autolytische Enzyme durch eine Hitzebehandlung inaktiviert sind, wenn man
die Enzyme in Form von Brühe zusetzte. In diesen Versuchen,
die nicht unter optimalen Bedingungen stattfanden, brauchte
es 5 Tage, um 6o % der Stiele weich zu bekommen. Um festzustellen, wie lange erhitzte Stücke mit Brühe von weichen
Stielen unter optimalen Bedingungen behandelt werden müssen,
wurde zunächst eine Brühe durch 2 Tage lange Bebrütung von
Stielstücken in Citratpuffer vom pH 4 bei 4o°C erzeugt. Dann
wurde die Brühe abgetrennt, sterilfiltriert und je 15 ml auf
1o Stielstücke gegeben, die vorher 5 Minuten in Citratpuffer
vom pH 4 gekocht worden waren. Es wurde 1, 2 und 3 Tage bei
4o°C bebrütet. Wie Abb. 13 zeigt, braucht das Weichmachen
gekochter Stiele mindestens 3 Tage. Mehr als 9o % weicher
Stücke konnten mit diesem Versuchsansatz auch in 5 Tagen
nicht erreicht werden. Das Weichmachen von hitzeinaktiviertem
Material dauert länger als das Weichwerden frischer Stücke
(s. Abb. 4 und 5). Die Ursache dürfte darin zu suchen sein,
daß bei frischem Material die Enzyme konzentrierter sind und
sich schon am Wirkungsort befinden.

Um inaktiviertes Material weichzumachen, gibt es noch mehr
Möglichkeiten als die Zugabe von Brühe. Getestet wurde noch
die Zugabe von frischen Stücken, die Zugabe von aus Brühe
ausgefällten Enzymen, die Zugabe von zellfreiem Extrakt.

Je 1o Stielstücke wurden 5 Minuten in Puffer vom pH 4 gekocht, dann wurden je 1o frische Stücke zugegeben und 1, 2,
3 und 5 Tage unter optimalen Bedingungen bebrütet. Nach den
verschiedenen Bebrütungszeiten wurden die frischen Stücke

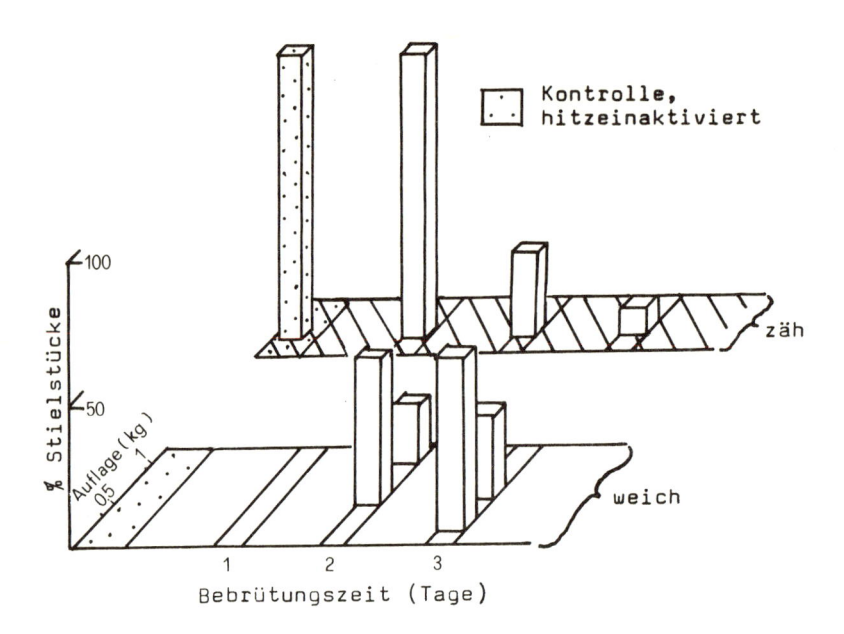

Abb. 13: **Weichmachen von hitzeinaktiviertem Pilzmaterial mit Brühe**
Prozent zerdrückbarer Stielstücke nach Zugabe von sterilfiltrierter Brühe aus 2 Tage alter Fermentation. Konsistenzmessung nach 1, 2 und 3 Tagen Bebrütung bei pH 4 und 40°C

von den hitzeinaktivierten getrennt, die sich auch nach 5 Tagen Inkubation noch durch eine dunklere Färbung unterscheiden. Die frischen Stücke waren nach 2 Tagen zu 100 % weich, die hitzeinaktivierten dagegen erst nach 5 Tagen (Abb. 14). Das Weichmachen der erhitzten Stücke ging bei Zugabe von Brühe (Abb. 13) schneller als beim Zusatz von frischen Stücken. Das ist verständlich, denn in den frischen Stücken wirken die Enzyme zuerst am Entstehungsort und gelangen erst allmählich in die Brühe. Danach erst können sie auch das inaktivierte Material angreifen.

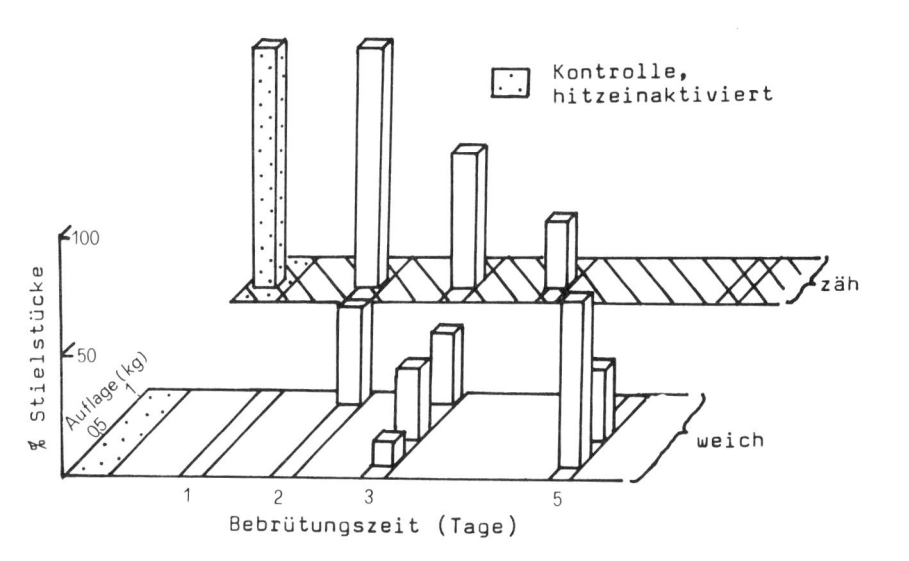

Abb. 14: <u>Weichmachen von hitzeinaktiviertem Pilzmaterial mit frischen Stücken</u>
Prozent zerdrückbarer Stielstücke nach Zugabe von gleich vielen frischen Stücken. Konsistenzmessung nach 1, 2, 3 und 5 Tagen Bebrütung bei pH 4 und 40°C

Für einen weiteren Versuch wurde aus der Brühe einer 2 Tage alten Fermentation das Protein ausgefällt (s.S. 23). Es wurde abzentrifugiert, in Wasser aufgenommen (1o % der Ausgangslösung), 3 Stunden gegen Leitungswasser dialysiert, mit Citratpuffer vom pH 4 im Verhältnis 2 : 1 versetzt und auf hitzeinaktivierte Stielstücke gegeben. Schon nach 24 Stunden Inkubation waren 3o % der erhitzten Stücke weich geworden (Abb. 15), nach 2 Tagen 6o % und nach 3 Tagen 1oo %. Durch Ausfällen und Konzentrieren der Enzyme kann man also das Weichmachen beschleunigen.

Schließlich wurde noch aus Stielstücken von P.So 3oo4 ein zellfreier Extrakt hergestellt (s.S. 28) und auf erhitzte Stielstücke gegeben. In keinem dieser Versuche konnte eine Konsistenzänderung des hitzeinaktivierten Materials erreicht werden. Es stellt sich die Frage, ob eine Aktivierung der

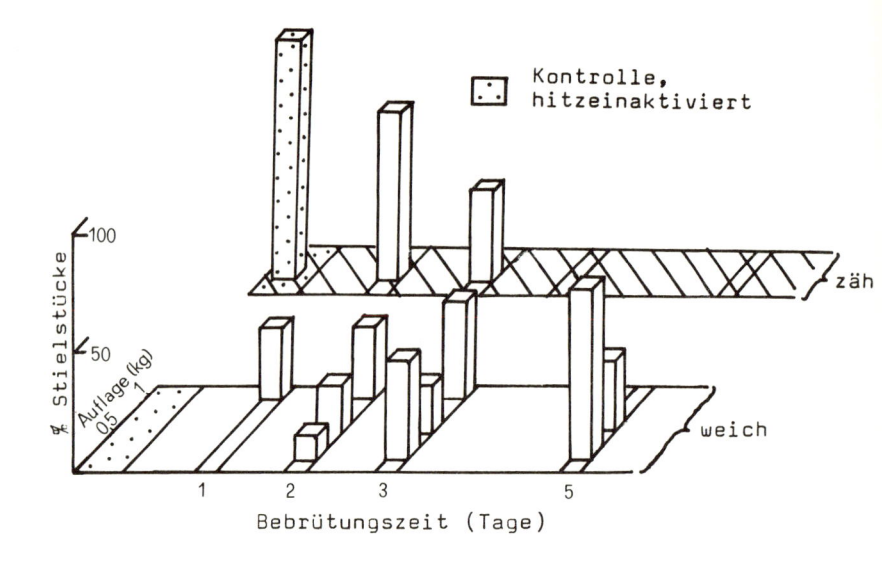

Abb. 15: **Weichmachen von hitzeinaktiviertem Pilzmaterial mit ausgefälltem Enzym**
Prozent zerdrückbarer Stielstücke nach Zugabe von ausgefälltem, dialysiertem Enzym. Konsistenzmessung nach 1, 2, 3 und 5 Tagen Bebrütung bei pH 4 und 40°

Enzyme notwendig ist, ob die Enzyme mit den Zellwänden abzentrifugiert oder ob sie beim Homogenisieren zerstört werden. Auf diese Probleme wird im Teil D näher eingegangen.

3. Beständigkeit der Enzyme

Für eine praktische Anwendung ist unter anderem auch entscheidend, wie robust die Enzyme sind. Um dies festzustellen, erfolgte eine Überprüfung ihrer Haltbarkeit in saurer Lösung. Stielstücke von P.So 3004 wurden 2 Tage lang unter optimalen Bedingungen bebrütet. Die Brühe wurde sterilfiltriert und entweder im Kühlschrank (2°- 4°C) oder im Brutschrank (40°C) gelagert. Nach 1, 2, 3 und 5 Tagen Lagerung wurde je ein Teil auf hitzeinaktivierte Stielstücke gegeben. Anschließend wurde 3 Tage bei pH 4 und 40°C inkubiert.

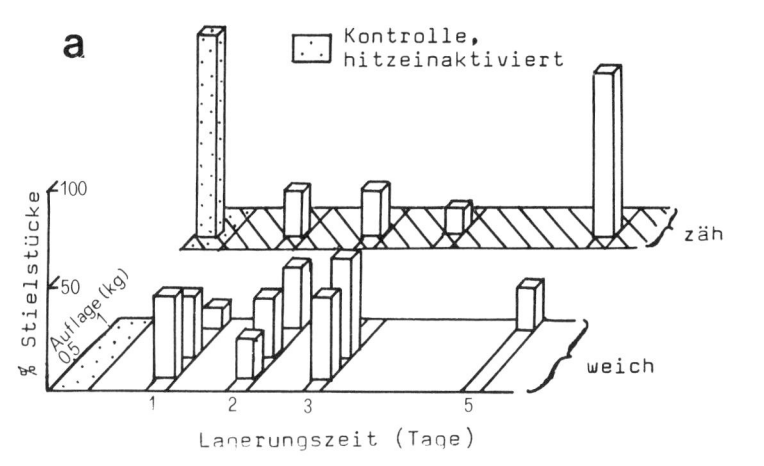

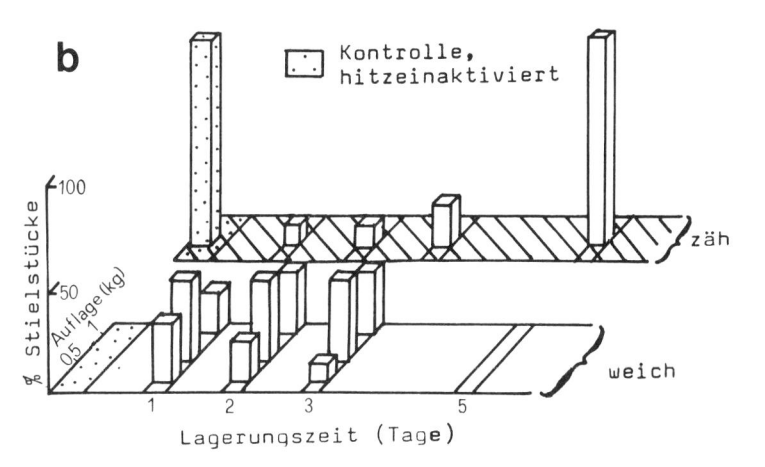

Abb. 16: <u>Beständigkeit der Enzymaktivität</u>
Prozent zerdrückbarer Stielstücke nach Zusatz von enzymhaltiger Lösung, die 1, 2, 3 und 5 Tage gelagert worden war, und zwar
a. bei $2^o - 4^o C$ und
b. bei $4o^o C$.
Konsistenzmessung nach 3 Tagen Bebrütung bei pH 4 und $4o^o C$

Sowohl die bei 2°- 4°C als auch die bei 4o°C gelagerte Lösung behielt 3 Tage lang die volle autolytische Wirkung (Abb. 16). Erst nach 5 Tagen ließen die Aktivitäten stark nach. Bei Zurechnung der ersten 2 Tage Fermentation vor der Sterilfiltration ergibt sich eine Haltbarkeit von 5 Tagen, die für eine praktische Anwendung durchaus ausreichend ist. Man braucht deshalb auch beim Fällen und Dialysieren von Protein nicht unter Eiskühlung zu arbeiten.

4. Mikrobielle Sicherheit und Haltbarkeit

Da bei pH 4 gearbeitet wird, ist eine ausreichende Sicherheit vor Verderb durch eiweißabbauende anaerobe Sporenbildner gewährleistet. Die amerikanische Food and Drug Administration (FDA) gibt als "sicheren pH-Wert" 4.6 und weniger an, weil gesundheitsschädliche Bakterien bei niedrigerem pH-Wert nicht mehr wachsen oder Toxine produzieren können (GARDNER, 1976). In einem Modellversuch wurde eine Keimreduktion nachgewiesen. Je 1o Stielstücke von P.So 3oo4 wurden mit Lactat- bzw. Acetatpuffer vom pH 4 versetzt, die zuvor mit so vielen Bakterien beimpft worden war, daß eine Kontamination von ca. 10^4 Keimen/ml erreicht war (s.S. 21). Als Testkeime dienten ein gram-negativer, Escherichia coli, und ein gram-positiver, Staphylococcus aureus. Vor der Bebrütung und nach 12, 24 und 48 Stunden bei 37°C wurden aus jedem Glas Proben entnommen und Keimzahlbestimmungen durchgeführt (s.S. 23). Wie die Abbildung 17 zeigt, sind von E. coli nach 12 Stunden nur noch ca. 10^2, von St. aureus ca. 2o Keime/ml vermehrungsfähig, nach 24 Stunden sind es bei E. coli noch ca. 7o, bei St. aureus noch 8 Keime/ml. Das bedeutet eine Keimreduzierung um 99,8 bzw. 99,9 %.

Es ist damit zu rechnen, daß ein Produkt, das als Konserve angeboten wird, zuerst bis zum Verkauf und dann beim Verbraucher längere Zeit herumsteht. Es muß also gesichert sein, daß während dieser Zeit keine Veränderungen eintreten. Während im sauren Milieu Bakterien nachweislich am Wachstum gehindert und in ihrer Zahl reduziert werden, ist dies bei Hefen und Schimmelpilzen nicht zu erwarten. Sie könnten das

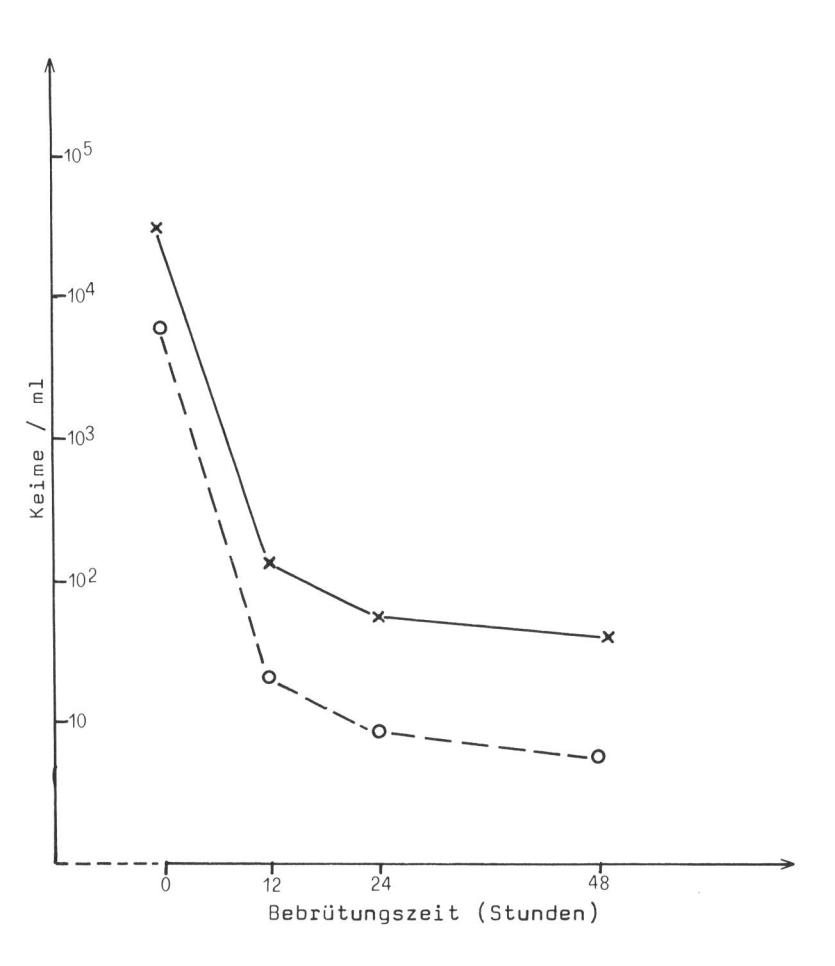

Abb. 17: Reduktion der Keimzahl bei Bebrütung von Stielstücken
Anzahl von ×—× E. coli und o--o St. aureus
vor und nach 12, 24 und 48 Stunden Bebrütung bei
37°C und pH 4

Produkt verderben. Wie ist dies zu verhindern? Da Pilzsporen
hitzeempfindlich sind, war Aufkochen nach dem Bebrüten die
Methode der Wahl. Für längere Haltbarkeit muß zudem eine
Rekontamination verhindert werden. Um dies zu erreichen,

wurden Proben unter "Vakuum" verschlossen: 24 Stunden lang
unter optimalen Bedingungen in Acetatpuffer bebrütete Stiel-
stücke von P.So 3oo4 wurden mit der Brühe aufgekocht und
sofort in Gläser gefüllt, die durch Ausspülen mit kochendem
Wasser erhitzt worden waren. Es folgte Zugabe von kochender
Brühe bis zum Überlaufen, dann wurde ein ebenfalls erhitzter
"Twist-off"-Deckel aufgeschraubt. Anschließend wurden die
Proben unterschiedlichen Lagerungsbedingungen unterworfen:

a. gekocht, "Vakuumverschluß", 1 Jahr bei $2^o - 4^oC$,
b. gekocht, "Vakuumverschluß", 3 Monate bei $4o^oC$,
c. gekocht, "Vakuumverschluß", 1 Jahr bei $2^o - 4^oC$, dann noch 3 Monate bei $4o^oC$,
d. als Kontrolle: ungekocht, kein Luftausschluß, 1 Jahr bei $2^o - 4^oC$ und
e. als Kontrolle: ungekocht, kein Luftausschluß, bei $4o^oC$.

Die Proben a. bis d. waren frei von sichtbarem Bakterien-
oder Pilzbefall. Die Proben von a., b. und c. waren in Aroma
und Geschmack einwandfrei, allerdings trat bei Lagerung bei
$4o^oC$ eine leichte Verfärbung ein, die bei noch längerer Auf-
bewahrung unter diesen Bedingungen zu einem unansehnlichen
Produkt führen könnte. Die Stücke der Kontrolle d. hatten
sich schon nach einigen Monaten Lagerung sehr stark verfärbt,
z.T. nach gelb, z.T. nach dunkelbraun; außerdem hatte eine
Veränderung von Aroma und Geruch stattgefunden, die wahrscheinlich auf enzymatische Prozesse zurückzuführen ist. Die
bei $4o^oC$ ungekocht gelagerten Proben zeigten schon nach weni-
gen Tagen Schimmelbewuchs auf der Oberfläche. Ein Aufkochen
des Produkts ist also für die mikrobielle Sicherheit unent-
behrlich und verhindert auch unerwünschte Enzymtätigkeit.

5. Geschmack

Bei Verarbeitung von frischen Stielen bleibt der pilzeigene
Geschmack trotz der zugesetzten Säure gut erhalten. Die Ver-
suche in Teil C, Punkt 1, haben gezeigt, daß auch gefrorenes
Material noch nach 1 1/2 Jahren Lagerung volle autolytische
Aktivität besitzen. Laut Untersuchungen von GORMLEY und

O'RIORDIAN (1976) nehmen jedoch unblanchierte Fruchtkörper
von P. ostreatus schon nach 3 Monaten Gefrierzeit einen
"strong off-flavour" an. Deshalb wurde unterschiedlich lang
bei -18°C gelagertes Material besonders eingehend auf Geschmack überprüft. 2 - 2o Monate lang gefrorene Stielstücke
von P.So 3oo4 wurden - unbebrütet und 24 Stunden unter optimalen Bedingungen bebrütet - 6 Testpersonen als Kostproben
zur Beurteilung angeboten (s.S. 28), zusätzlich als Kontrolle
auch ungefrorene, bebrütete Stücke. Das Ergebnis des Tests
ist in Tabelle 4 zusammengestellt. Über die Beurteilung man-
cher Stücke waren sich die Prüfer unschlüssig, so daß sie
im Protokoll keine Aussage machten. Deshalb gibt die Summe
der Prozente in Tabelle 4 nur in einem Fall 1oo %.

Tabelle 4: <u>Geschmack von Stielstücken nach Gefrierlagerung</u>

Lagerzeit bei -18°C (Monate)	Bebrütung (pH 4, 4o°C)	Beurteilung angenehm (%)	unangenehm (%)	bitter (%)
0	ja	70	0	0
2	nein	0	40	0
	ja	20	0	0
3	nein	0	40	20
	ja	20	20	0
5	nein	0	60	40
	ja	20	40	20
9	nein	20	30	20
	ja	40	0	0
16	nein	20	20	20
	ja	0	20	0
2o	nein	0	40	20
	ja	20	20	0

Schon nach 2 Monaten Lagerung in gefrorenem Zustand schmeckt ein Teil des Materials unangenehm und auch bittere Stücke sind vorhanden. Eine deutliche Zunahme von Bitterkeit mit dem Alter ist nicht festzustellen. Vermutlich ist die Bitterkeit abhängig von der Charge, z.B. wie alt die Fruchtkörper bei der Ernte waren. Die Behandlung bei pH 4 und 4o°C mindert den schlechten Geschmack, ohne ihn völlig zu entfernen. Gefrorene Stiele, die 2 Monate und länger lagerten, sind deshalb zur Herstellung einer Konserve nicht zu empfehlen. Stücke, die maximal 1 Monat bei -18°C lagerten, wurden von den gleichen Testpersonen in weiteren Versuchen geprüft. Weder unter bebrüteten noch unter unbebrüteten Stielen gab es ein als bitter oder unangenehm empfundenes Stück. Wurden die Stücke nicht bebrütet, bekamen ca. 3o % das Urteil "angenehm"; nach 12 Stunden Bebrütung unter optimalen Bedingungen entsprach die Beurteilung den ungefrorenen, bebrüteten Stielen. Eine kurzfristige Lagerung bei -18°C ist demnac für das Produkt unschädlich.

Außer dem Aroma und bitter, süß, sauer oder salzig gehört zum Geschmack eines Produkts auch seine Konsistenz. Um eine Abnahme der Zähigkeit von Stielstücken messen und darstellen zu können, wurden Stücke als "weich" bezeichnet, wenn sie mit einem Druck von 3ooo Pa oder weniger zerdrückt werden konnten. So weiche Stiele lassen sich aber schon mit der Zunge zerdrücken, was für den Geschmack vieler Konsumenten schon zu weich sein dürfte. Durch unterschiedlich lange Bebrütungsdauer kann man jedoch den "Weichheitsgrad" nach Belieben einstellen. Schon nach 8 - 12 Stunden Bebrütung kommt man zu einem Produkt, das noch "knackig", aber nicht mehr zäh ist.

Schließlich ist noch der Einfluß des Würzens vor dem Aufkochen auf den Geschmack erprobt worden. Es stellte sich heraus, daß das Produkt verschiedenen Geschmacksrichtungen angepaßt werden kann. Frische Stielstücke von P.So 3oo4 wurden in Acetat- und Citratpuffer unter optimalen Bedingungen 12 und 24 Stunden lang bebrütet und mit folgenden Würzmischungen versetzt:

a. Salz, Zwiebeln, Dill, Senf- und Pfefferkörner
b. Salz, etwas Zucker, Ingwer
c. Salz, Pfefferkörner, Meerrettich
d. Salz, Senf- und Pfefferkörner, Lorbeerblatt

Insgesamt wurden bei verschiedenen Gelegenheiten in dieser Form behandelte Stielstücke jeweils 7o - 8o Personen zum Probieren angeboten. Die 24 Stunden lang bebrüteten Stücke wurden von den meisten als "zu weich" bezeichnet. Die Gewürzmischungen a. mit Acetatpuffer und b. mit Citratpuffer wurden bevorzugt. Ca. 1o % der Testpersonen beurteilten das Produkt als "ausgezeichnet, ich möchte öfter davon essen", ca. 5o % als "angenehm, ich würde es kaufen". Weitere 3o % gaben weder ein positives noch ein negatives Urteil ab. Ca. 1o % sagten "es schmeckt mir nicht", aber die meisten dieser Personen lehnten alle Sauerkonserven ab. Alle Testpersonen, auch 3, die an 5 Tagen hintereinander jeweils ca. 1o - 15 Stücke aßen, bestätigten die Bekömmlichkeit des Produkts. Da dieses zudem als Beikost - wie etwa Gewürzgurken - gedacht ist, bestehen gegen seinen Konsum keine Bedenken.

Zusammenfassend kann man sagen, daß für Stiele von P. ostreatus eine Konservierungsmethode entwickelt wurde, die den anfangs gestellten Bedingungen genügt. Das zähe Material wird durch partielle Autolyse weich. Sogar hitzebehandelte, und dadurch noch zähere Stiele können durch Einwirkung von Enzymen aus frischem Material weich gemacht werden. Da die Enzyme außerdem sehr robust sind, ist eine Handhabung ohne größeren Energieaufwand (Kühlen, Gefrieren etc.) möglich. Nach Aufkochen und einfachem "Vakuumverschluß" ist das Produkt auf Grund seines Säuregehalts gut haltbar. Die Verarbeitung ist mit einfachen Mitteln durchzuführen, erfordert also keinen großen Aufwand an Zeit, Energie oder Hilfsmitteln. Die Konserve ist schmackhaft und durch die schonende Behandlung (kein Blanchieren, keine Sterilisation, nur kurzes Aufkochen nach der Behandlung, kein hoher Salzgehalt) wird der Nährwert erhalten.

D. Bedeutung von R-Glucanase, Chitinase und Chitobiase bei der partiellen Autolyse und im Organismus

Bei den bisher berichteten Versuchen über die Enzymaktivitäten im Rohprotein wurden die Enzyme aus einer ca. 2o Stunden alten Fermentationsbrühe gefällt. So konnte nachgewiesen werden, daß es sich bei der partiellen Autolyse um einen Abbau der inneren Zellwandschicht handelt, wobei R-Glucanase, Chitinase und Chitobiase beteiligt sein können. Dabei blieben einige Probleme ungelöst, nämlich, warum zellfreier Extrakt keine autolytische Aktivität besitzt, warum verschiedene Pilzstämme sich in der Dauer des Weichwerdens voneinander unterscheiden und ob Chitin oder R-Glucan oder beide bei der partiellen Autolyse abgebaut werden. Im folgenden Teil wird versucht, diese Fragen zu beantworten.

1. Prüfung von zellfreien Extrakten

Im Teil C (s.S. 55) wurde zellfreier Extrakt durch 1o Minuten Homogenisieren von frischen Stielen und anschließendem Abzentrifugieren der Zellwände hergestellt. Diese Lösung hatte keine lytische Wirkung auf hitzeinaktivierte Stielstücke. Um festzustellen, ob die Enzyme durch Zellreste aktiviert werden müssen oder ob sie eventuell an die Zellwand gebunden sind, wurden die folgenden Versuche durchgeführt.

Zuerst wurden Stiele von P. ostreatus So 3oo4 kleingeschnitten und mit Acetatpuffer vom pH 4 (3 ml/g Stiele) 1o Minuten bei Höchstgeschwindigkeit im Waring-Blendor zerkleinert. Das Homogenat wurde in Zentrifugengläser verteilt. Ein Teil wurde sofort zentrifugiert, um einen zellfreien Extrakt herzustellen, die anderen Gläser dagegen wurden bei 2°, $2o^o$, $3o^o$, $4o^o$, $5o^o$ und $6o^oC$ drei Stunden lang inkubiert, dann erst zentrifugiert. Jeder dieser zellfreien Extrakte wurde auf hitzeinaktivierte Stielstücke gegeben und 3 Tage bei $4o^oC$ bebrütet. Die sofort abzentrifugierte Lösung und die aus den bei 2^oC und $6o^oC$ inkubierten Homogenaten konnten keine Stiele

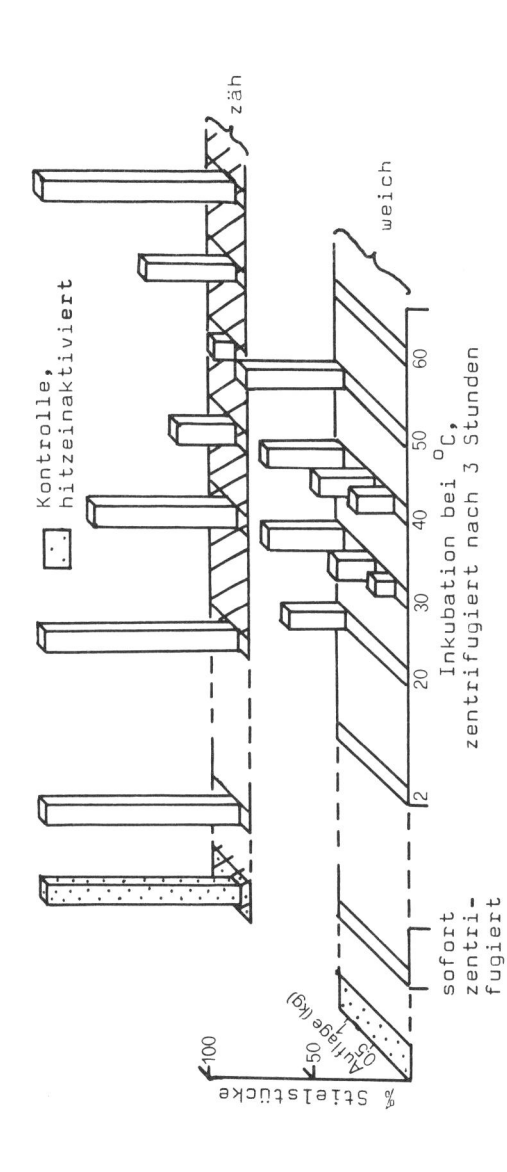

Abb. 18: **Wirkung von zellfreien Extrakten**

Prozent zerdrückbarer Stielstücke nach Zugabe von zellfreiem Extrakt, der durch sofortige Zentrifugation oder erst nach 3 Stunden Inkubation des Homogenats bei unterschiedlichen Temperaturen gewonnen wurde. Konsistenzmessung nach 3 Tagen Bebrütung bei pH 4 und 40°C

weich machen (Abb. 18). Von den anderen Extrakten zeigte der
aus dem bei 4o°C inkubierten Homogenat die beste Wirkung,
es wurden 9o % der hitzeinaktivierten Stielstücke weich.
In weiteren Versuchen wurden die Homogenate teils kürzer,
teils länger inkubiert. Bei weniger als 3 Stunden waren die
Ergebnisse schlechter, eine längere Inkubationszeit brachte
keine wesentlichen Verbesserungen.
Dann wurde aus 15 g Stielen des Stammes P.So 3oo4 und 45 ml
Acetatpuffer vom pH 4 nochmals ein Homogenat hergestellt.
Die Hälfte wurde sofort zentrifugiert und der von Zellresten
freie Überstand abdekantiert (Extrakt A). Der Rückstand
wurde mehrmals mit Acetatpuffer vom pH 4 gewaschen und anschließend mit 2o ml desselben Puffers 3 Stunden bei 4o°C
inkubiert. Erst dann wurde abzentrifugiert und der Überstand (Extrakt C) geprüft. Der zweite Teil des Homogenats
wurde mit den gesamten Zelltrümmern bei 4o°C für 3 Stunden
inkubiert und danach zentrifugiert (Extrakt B). Der Proteingehalt der einzelnen Extrakte wurde bestimmt. Dann kamen sie
auf je 1o hitzeinaktivierte Stielstücke und für 3, bzw. 6
Tage in den Brutschrank bei 4o°C.

Extrakt A zeigt nur geringe autolytische Aktivität (Abb. 19).
In 6 Tagen macht er nur ca. 1o % der Stielstücke weich, dagegen die Extrakte B und C nach 3 Tagen 7o und 85 %, nach
6 Tagen 9o und 95 %. Die Extrakte unterscheiden sich wesentlich in ihren Proteinkonzentrationen. Extrakt A enthält ca.
1,5 mg/ml, Extrakt B ca. 2,5 mg/ml, Extrakt C nur etwa 1 mg/ml.
Zieht man in Betracht, daß vor Gewinnung von Extrakt C mehrmals mit Puffer gewaschen und damit lösliches Protein besei-
tigt wurde, so muß man die Proteine in diesem als besonders
wirksam ansehen. Aus den Ergebnissen kann man schließen, daß
die autolytischen Enzyme zellwandgebunden sind und erst
durch eine Inkubation bei pH 4 und 4o°C freigesetzt werden.

Um festzustellen, welche Rolle ß-Glucanase, Chitinase und
Chitobiase in den einzelnen Extrakten spielen, wurden aus
diesen die Proteine gefällt, dialysiert und die Aktivitäten
der Enzyme gemessen (s.S. 23ff). Um die einzelnen Enzymaktivitäten mit der Wirkung der Extrakte in Abb. 19 vergleichen

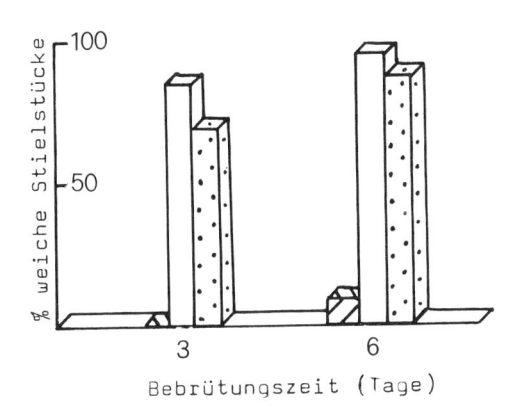

[Balkendiagramm: y-Achse „% weiche Stielstücke" (0–100), x-Achse „Bebrütungszeit (Tage)" mit Werten 3 und 6]

▨ Extrakt A: zellfreier Extrakt ohne Inkubation
☐ Extrakt B: zellfreier Extrakt nach 3 Stunden Inkubation des Homogenats
⊡ Extrakt C: zellfreier Überstand nach 3 Stunden Inkubation der gewaschenen Zellwände bei 40°C

Abb. 19: <u>Wirkung von zellfreien Extrakten</u>
Prozent weicher Stielstücke nach Zugabe von unterschiedlich behandelten zellfreien Extrakten. Konsistenzmessung nach 3 und 6 Tagen Bebrütung bei pH 4 und 40°C

zu können, muß folgendes beachtet werden: Der jeweilige Anteil der einzelnen Enzyme am Gesamtprotein ist unbekannt. Im Zellhomogenat sind auch viele andere Proteine enthalten, die bei der Proteinbestimmung in den Extrakten A und B mitgemessen werden. Das Protein im Extrakt C dagegen wurde überwiegend aus den Zellresten freigesetzt, da der Zellinhalt ausgewaschen wurde. Dies steht in Übereinstimmung damit, daß die Proteinkonzentration in Extrakt B der Summe aus denen in A und C entspricht. Der Anteil an autolytischen Enzymen ist also im Protein aus Extrakt C sehr wahrscheinlich größer als in dem aus A und B. Es wurden darum die zunächst auf mg Protein bezogenen Enzymeinheiten über die in den Extrakten gemessenen Proteinkonzentrationen in Enzymeinheiten/ml Extrakt umgerechnet (Abb. 2o).

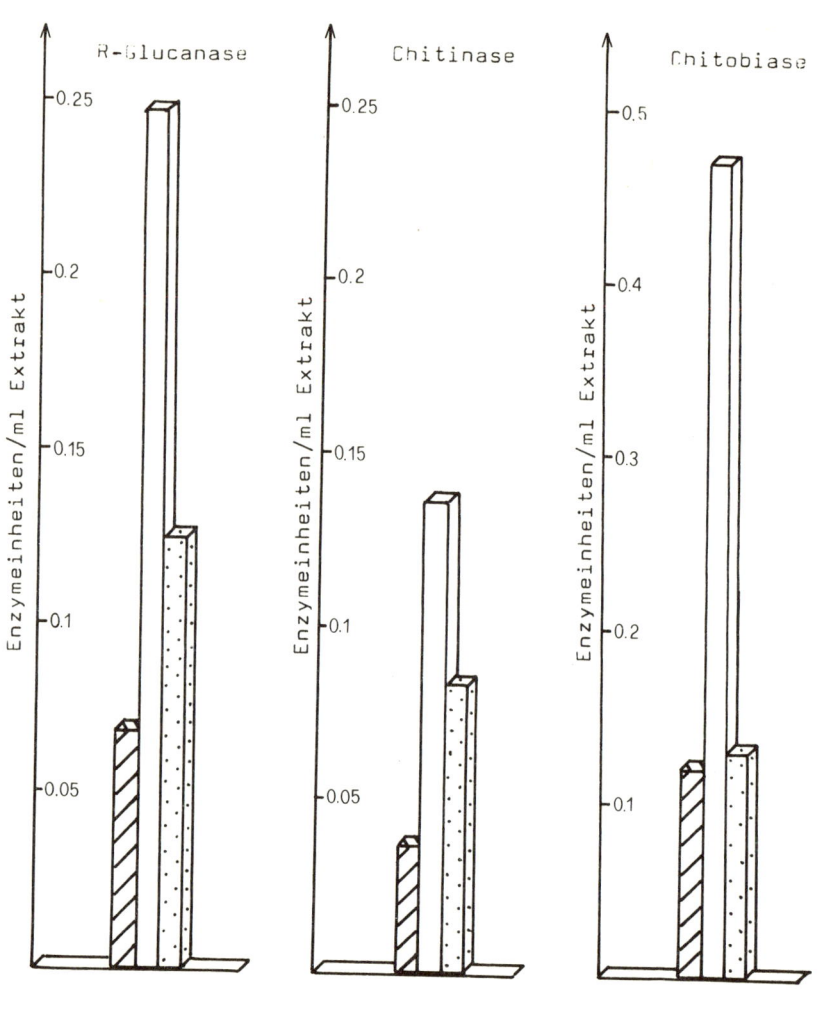

▨ Extrakt A: zellfreier Extrakt ohne Inkubation
☐ Extrakt B: zellfreier Extrakt nach 3 Stunden Inkubation des Homogenats bei 4o°C
⋯ Extrakt C: zellfreier Überstand nach 3 Stunden Inkuba-

Abb. 2o: <u>Aktivitäten der R-Glucanase, Chitinase und Chitobiase im Rohprotein aus zellfreien Extrakten</u>

1 Enzymeinheit ≙ 1 µmol Reaktionsprodukt/mg Protein pro Minute

In allen Extrakten, auch in A, der keine Stielstücke weich macht, sind alle drei Enzyme nachweisbar. Die Chitobiaseaktivität ist bei A und C annähernd gleich. Sie kann darum beim Weichmachen von Stielen keine entscheidende Rolle spielen. Die Chitinase und R-Glucanase dagegen haben im Extrakt C etwa doppelt so hohe Aktivität wie im Extrakt A und kommen deshalb in Frage. Ob dies zutrifft und ob beide gleichmäßig oder nur eines der Enzyme für die partielle Autolyse verantwortlich ist, könnte man feststellen, indem man die Enzyme isoliert, reinigt und einzeln auf Zellwände testet. Dafür wäre ein erheblicher Aufwand an Zeit und Mitteln nötig, der den Rahmen dieser Arbeit überschritten hätte. Es wurde deshalb im folgenden versucht, durch Vergleich verschiedener Pilzstämme in einfachen Versuchen weitere Informationen zu sammeln, die den Aufwand für eine spätere Enzymisolierung rechtfertigen könnten.

2. Abbau von Chitin und R-Glucan bei der partiellen Autolyse verschiedener Pilzstämme

Wie bereits gezeigt, haben alle untersuchten Pilzstämme die Fähigkeit zur partiellen Autolyse, wenn auch in unterschiedlichem Maße (s. Abb. 4 - 7 und Tabelle 5). Die Unterschiede könnten zurückzuführen sein auf verschiedene Zellwandzusammensetzung, aber auch auf Differenzen der einzelnen Enzymaktivitäten - sowohl in der absoluten Höhe, als auch in ihrem Verhältnis zueinander. Auch die Freisetzung der Enzyme aus den Wänden mit unterschiedlicher Geschwindigkeit ist in Betracht zu ziehen.

2.1 Wirkung der autolytischen Enzyme auf die Zellwände anderer Pilzstämme

Die Angaben in der Literatur (s.S. 39ff) weisen darauf hin, daß die quantitative Zellwandzusammensetzung und auch die Struktur mindestens des R-Glucans von Stamm zu Stamm unterschiedlich ist. Das könnte bedeuten, daß die autolytischen Enzyme stammspezifisch wirken. Deshalb wurde die Wirkung

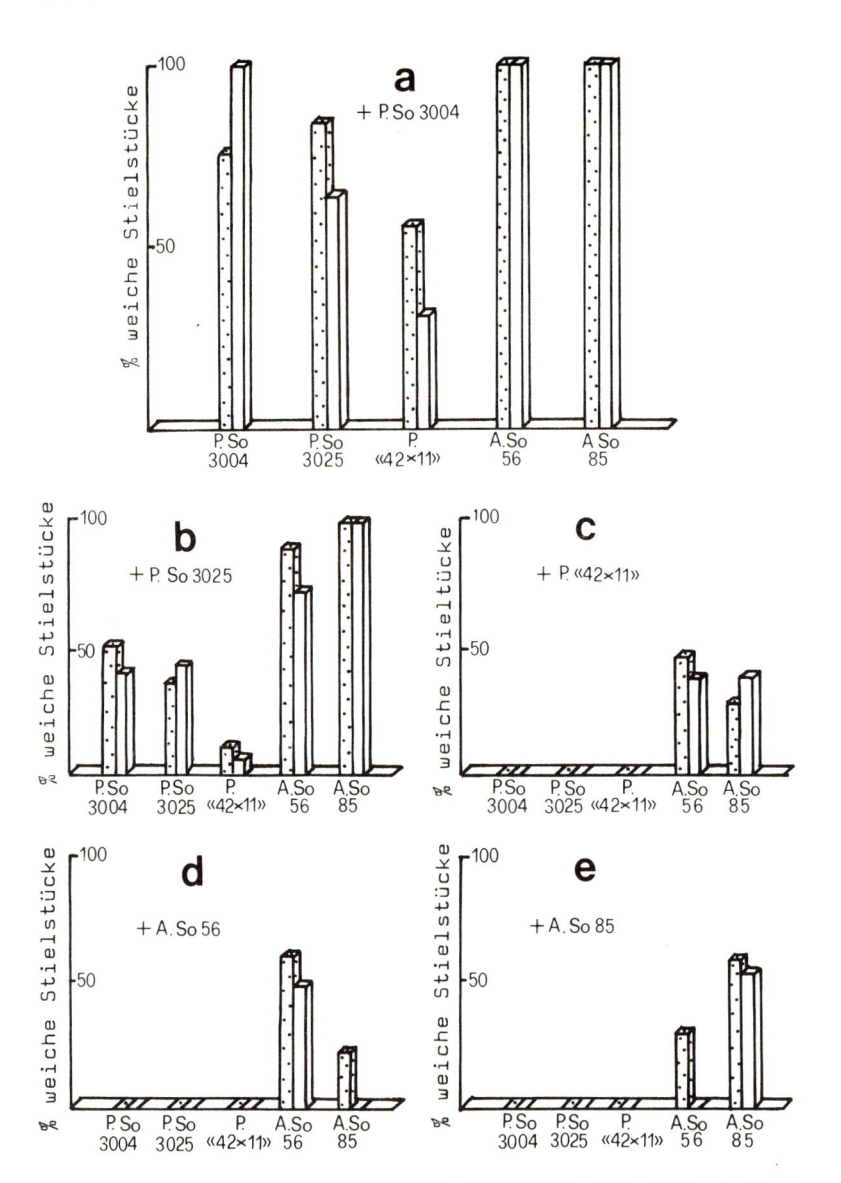

Abb. 21: Wirkung autolytischer Enzyme auf andere Pilzstämme
Prozent weicher Stielstücke, die vor der Behandlung
hitzeinaktiviert wurden, nach Zusatz von
[..] frischen Stücken bzw. [ ] enzymhaltiger Lösung
von a. P.So 3oo4, b. P.So 3o25, c. P."42x11",
d. A.So 56 und e. A.So 85. Konsistenzmessung nach
3 Tagen Bebrütung bei pH 4 und 4o°C

7o

der Enzyme von 5 verschiedenen Stämmen (P. ostreatus: So 3oo4, So 3o25, "42x11" und A. bisporus: So 56, So 85) auf die eigenen Zellwände und die aller anderen Stämme geprüft. Für jedes Experiment wurden von jedem Stamm je 1o Stielstücke hitzeinaktiviert. Der Zusatz von lytischen Enzymen erfolgte entweder in Form von 1o frischen Stielstücken oder als Brühe von ebenfalls 1o Stücken, die 2 Tage lang in Acetatpuffer vom pH 4 bei 4o°C bebrütet worden waren. Die Konsistenz wurde nach 3 Tagen Inkubation unter optimalen Bedingungen gemessen.

Wie aus Abb. 21 a. ersichtlich ist, wirken die Enzyme von P.So 3oo4 auf alle untersuchten Stämme. Ein Vergleich der Werte von a. mit den Kontrollen (eigene Zellwände) von b., c., d. und e. zeigt, daß sie P.So 3o25, P."42x11" und auch die Stämme von A. bisporus sogar besser als die jeweiligen eigenen Enzyme lysieren. Selbst die sehr zähen Stiele von L. edodes, hier nicht mit dargestellt, werden zu ca. 6o % weich gemacht, also etwas schlechter als P.So 3o25 und besser als P."42x11". Wegen Mangels an Material konnte die Wirkung der Enzyme von L. edodes nur auf P.So 3oo4 untersucht werden. Sie machten ca. 5o % weich, wirken also offenbar auch nicht artspezifisch. Die Enzyme des Stammes P.So 3o25 (Abb. 21 b) wirken ebenfalls auf alle Stämme, und zwar mit Ausnahme von P.So 3oo4 auch besser als deren eigene Enzyme. Die Wirkung ist jedoch schlechter als die von P.So 3oo4. Die Enzyme von P."42x11" (Abb. 21 c) können weder die eigenen noch die Stiele der anderen Pleurotus-Stämme weich machen. Nur die von A. bisporus werden zum Teil angegriffen, 25 - 45 % dieser Stücke bekommen weiche Konsistenz. Die Enzyme von A. bisporus (Abb. 21 d und e) sind nicht in der Lage, die Zellwände der Pleurotus-Stämme zu lysieren; nur die Stücke des anderen Stammes der gleichen Art werden zu 2o - 3o % weich, das ist schlechter als die eigenen mit 5o - 65 %.

Es ist ganz offensichtlich, daß die Wände von A. bisporus leichter angegriffen werden können als die von P. ostreatus, gleichgültig, ob artfremde oder arteigene Enzyme eingesetzt werden. Die Enzyme von P. ostreatus wirken nicht artspezifisch, dagegen die von A. bisporus. Auffallend ist ferner die hohe lytische Aktivität des Pleurotus-Niedrigtemperaturstammes So 3oo4 im Vergleich zu den Hochtemperaturstämmen So 3o25 und "42x11".

2.2 Enzymaktivitäten in Stielen verschiedener Pilzstämme

Da die gleiche Enzymlösung verschiedene Stämme unterschiedlich lysiert, muß ein Unterschied in der Zellwandzusammensetzung und/oder -struktur vorliegen. Da Stiele des gleichen Stammes von Enzymen anderer Stämme unterschiedlich weich gemacht werden, müssen aber auch Differenzen in den Enzymaktivitäten vorhanden sein. Diese wurden in den folgenden Experimenten näher untersucht.

Stielstücke von P.So 3oo4, P.So 3o25, P."42x11", A.So 56 und A.So 85 wurden im Waring-Blendor mit Acetatpuffer vom pH 4 bei Höchstgeschwindigkeit 1o Minuten homogenisiert, das Homogenat 3 Stunden bei 4o^{o}C bebrütet, die Zellreste abzentrifugiert, die Proteine aus dem Überstand gefällt, dialysiert und die Aktivitäten von R-Glucanase, Chitinase und Chitobiase bestimmt (s.S. 23ff). Die Ergebnisse sind in Abb. 22 dargestellt. Wie zu erwarten, sind die einzelnen Enzymaktivitäten von Stamm zu Stamm sehr unterschiedlich. Bei den Pleurotus-Stämmen nimmt die Aktivität aller drei Enzyme in der Reihenfolge der lytischen Fähigkeiten der einzelnen Stämme ab: P.So 3oo4 hat die höchsten, P."42x11" die niedrigsten. Bei P."42x11" ist keine Chitinase und nur sehr wenig Chitobiase nachweisbar. A.So 56 hat etwas mehr Chitobiase als P.So 3oo4, dennoch ist er nicht fähig, Wände anderer Stämme zu lysieren. Chitobiase kommt darum für die Zellwandlyse nur sekundäre Bedeutung zu (vgl. S. 69). P."42x11" hat fast so viel R-Glucanase wie P.So 3o25, ist aber dennoch nicht in der Lage, Wände von letzterem weich zu machen. Es muß somit Chitinase bei dem Wandabbau mit im Spiel sein. Auch steht die Höhe der Chitinaseaktivität in direktem Verhältnis zur Dauer des Weichwerdens, wie ein Vergleich der Abb. 22 mit Tabelle 5 (S. 74) zeigt.

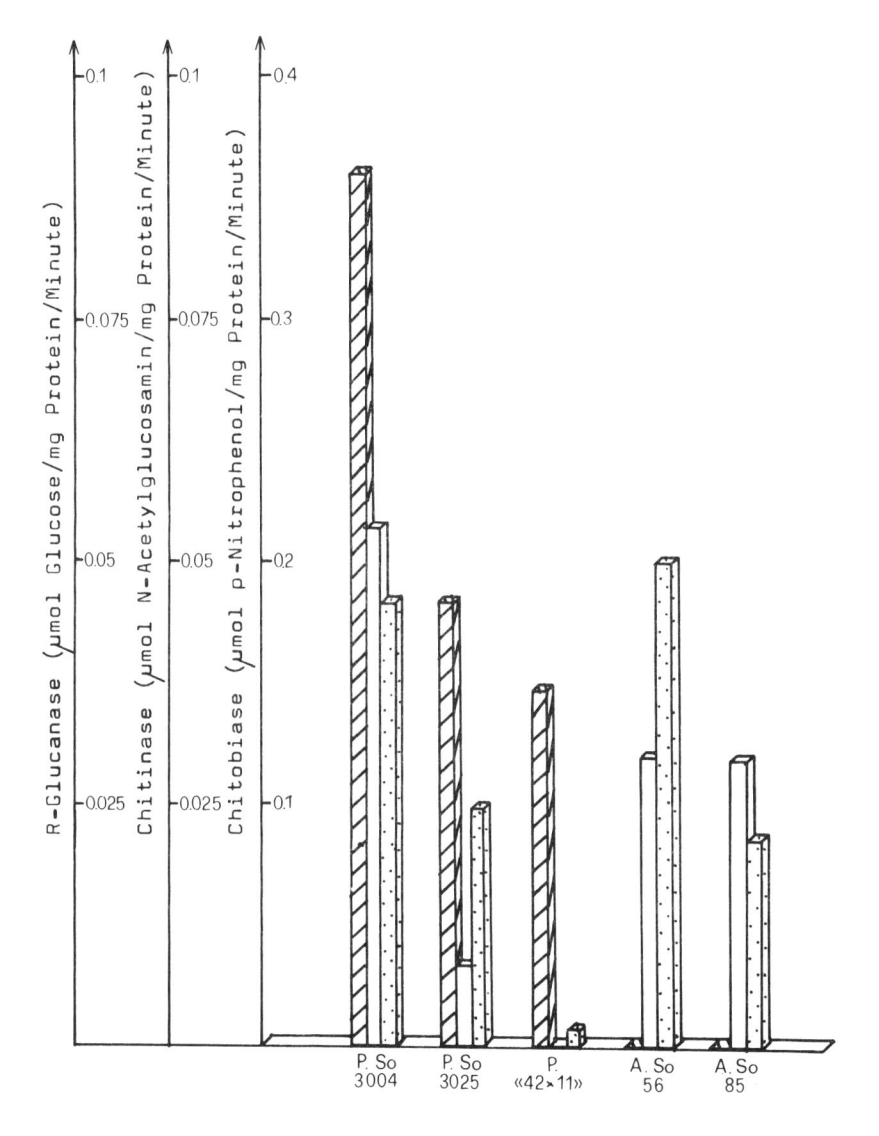

Abb. 22: Enzymaktivitäten in gefälltem Protein aus Stielen verschiedener Pilzstämme
- ⌿⌿ R-Glucanase
- ☐ Chitinase
- ⋯ Chitobiase

Tabelle 5: <u>Konsistenzänderung von Stielstücken in Abhängigkeit von der Bebrütungszeit</u>
Prozent weicher Stielstücke von verschiedenen Pilzstämmen nach 1, 2, 3 und 5 Tagen Bebrütung bei pH 4 und 4o°C

Stamm	Bebrütungszeit (Tage)			
	1	2	3	5
P.So 3oo4	80	100	100	100
A. bisporus*	45	75	100	100
P.So 3o25	10	30	65	95
P."42x11"	0	0	10	45

Alle Angaben in Prozent
* Bei A. bisporus wurden die Mittelwerte der Untersuchungen aller Stämme angegeben, da nur geringe Unterschiede vorhanden waren.

Da A.So 56 und A.So 85 trotz höherer Chitinaseaktivität als P.So 3o25 keine <u>Pleurotus-Wände</u> lysieren können, muß auch R-Glucanase für die Zellwandlyse nötig sein. Es wurde versucht, dies durch weitere Experimente zu erhärten. Homogenat von hitzeinaktivierten Stielstücken von P.So 3oo4 wurden auf einem Objektträger mit Chitinase von <u>Streptomyces griseus</u> versetzt, mit einem Deckglas bedeckt, versiegelt und bebrütet (s.S. 27). Das Präparat wurde vor und nach der Inkubation mikroskopisch untersucht. Wie Tafel IV dokumentiert, bewirkte diese Chitinase keine merkliche Veränderung der Zellwände. Weder wurden sie dünner noch veränderte sich ihre Lichtbrechung. Dieser Befund steht in Übereinstimmung mit den Untersuchungen von MICHALENKO et al. (1976), die Mycelwände von <u>A. bisporus</u> erst mit R-Glucanase behandeln mußten, bevor sie von Chitinase angreifbar waren, ebenso wie mit denen von WESSELS und MARCHANT (1974), die einen synergetischen Effekt der R-Glucanase bei Behandlung von Querwänden im Mycel von <u>Schizophyllum commune</u> mit Chitinase feststellten.

Bei A. bisporus ist noch zu beachten, daß die R-Glucanaseaktivität nur mit R-Glucan aus P.So 3oo4 als Substrat gemessen wurde. Es ist also möglich, daß A. bisporus artspezifische R-Glucanasen besitzt. Das schlechte Weichmachen von artfremdem Material könnte darauf zurückzuführen sein, daß die R-Glucanasen von A. bisporus im Gegensatz zu denen aus P. ostreatus unbeständig sein können. So zeigten z.B. bei -18°C gelagerte Stiele von A. bisporus schon nach einem halben Jahr keine autolytische Aktivität mehr.

3. Enzymaktivitäten in verschiedenen Entwicklungsphasen

Bei der Morphogenese von Basidiomyceten spielen zellwandlytische Enzyme eine unentbehrliche Rolle, da das Wachstum der Hyphenwände auf einem harmonischen Gleichgewicht zwischen Lyse und Synthese beruht (BARTNICKI-GARCIA, 1968; BARTNICKI-GARCIA und LIPPMAN, 1972). Sowohl die Synthetasen als auch die Lyasen werden z.T. am Ort der Zellwandneubildung aktiviert, d.h. direkt an der Wand oder im Plasmalemma (BARTNICKI-GARCIA, 1968; MAHADEVAN und MAHADKAR, 197o; GOODAY, 1975), oder sie sind in Lysosomen konzentriert ITEN und MATILE, 197o). Im Mycel findet Wachstum ausschließlich an der Hyphenspitze statt, in den Fruchtkörpern dagegen erfolgt Längen und Breitenwachstum durch Einlagerung von Wandsubstanz. GOODAY (1975) wies bei Coprinus cinereus einen Anstieg des Chitingehalts beim Wachstum von Stielen nach, SCHWALB (1977) konnte eine Inkorporation von R-Glucan und S-Glucan während des gesamten Fruchtkörperwachstums von S. commune messen und CRAIG et al. (1977) fanden eine nicht polare Addition von neuem Wandmaterial bei Zellen in wachsenden Stielen von A. bisporus. Einlagerung von Wandsubstanz ist nur möglich, wenn Verknüpfungsstellen im Wandgerüst gelöst werden.

Es wurde im folgenden untersucht, ob es Unterschiede in der Autolyse von Mycel und Fruchtkörpern gibt. Aus Homogenaten von jungem Mycel und Stielen des Stammes P.So 3oo4 wurden Objektträgerpräparate hergestellt und vor und nach Bebrütung

bei pH 4 und 4o°C unter dem Mikroskop betrachtet (s.S. 27).
Die Tafeln V und VI lassen bei Behandlung von Mycelhyphen
keine Veränderung feststellen, dagegen eine vollständige
Lyse von Hyphenspitzen aus Stielen. In weiteren Versuchen
wurden Mycelhomogenate mit enzymhaltiger Lösung aus bebrüteten Stielstücken von P.So 3oo4 versetzt. Auch hier konnte
keine mikroskopisch sichtbare Veränderung der Mycelwände
gefunden werden (keine Abbildung).

Aus homogenisiertem und 3 Stunden bei pH 4 und 4o°C inkubiertem Mycel, bzw. Hüten der 3 Stämme von P. ostreatus
wurde das Protein gefällt, dialysiert und die Aktivitäten
von R-Glucanase, Chitinase und Chitobiase gemessen und mit
den entsprechenden Aktivitäten in Stielen verglichen (Abb.
23). Es wurde sowohl wachsendes als auch ruhendes Mycel
untersucht (s.S. 19), auf eine getrennte Darstellung wurde
aber verzichtet, da nur geringe Unterschiede vorhanden waren.
Auffällig ist die hohe R-Glucanaseaktivität im Mycel aller
drei Stämme. Sie nimmt ab in Stielen und Hüten, bei den
Hochtemperaturstämmen stärker als bei P.So 3oo4. Die Chitinaseaktivität dagegen ist im Mycel am niedrigsten und in den
Hüten am höchsten, mit Ausnahme von P."42x11", der in Stielen
gar keine Chitinaseaktivität besitzt. Experimente mit A. bisporus, hier nicht mit dargestellt, ergaben in Hüten ebenfalls höhere Chitinaseaktivität als in Stielen, während
R-Glucanase weder in Stielen noch in Hüten nachweisbar war.

Zusammenfassend läßt sich sagen:

Die autolytischen Enzyme sind an die Zellwand gebunden. Sie
werden durch eine dreistündige Behandlung bei pH 4 und 4o°C
freigesetzt.

Für die partielle Lyse von Pilzzellwänden sind R-Glucanase
und Chitinase erforderlich, während Chitobiase nur eine sekundäre Rolle spielt. Eine gute Zellwandauflockerung war
weder mit Chitinase noch R-Glucanase allein zu erreichen.

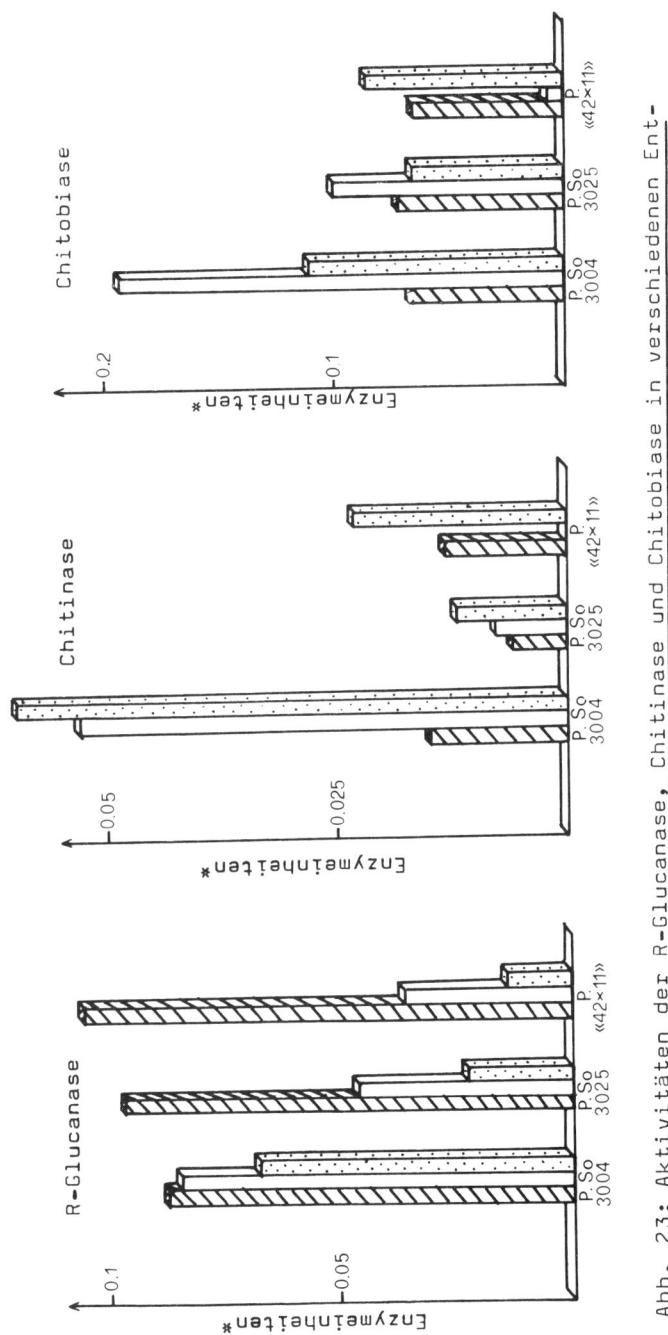

Abb. 23: Aktivitäten der R-Glucanase, Chitinase und Chitobiase in verschiedenen Entwicklungsphasen bei 3 Stämmen von P. ostreatus
Messung der Aktivität im Rohprotein aus ▨ Mycel, ☐ Stielen und ⋯ Hüten
nach 3 Stunden Bebrütung eines Homogenats bei pH 4 und 40°C
* 1 Enzymeinheit ≙ 1 μmol Reaktionsprodukt/mg Protein/Minute

Die Enzyme von P.So 3oo4 verhalten sich anders als die der anderen Stämme. Nur sie wirken auf die Zellwände sowohl von P. ostreatus als auch von A. bisporus, und zwar besser als die jeweils stammeigenen. P.So 3oo4 hat im Vergleich zu den anderen Stämmen in jedem Entwicklungsstadium die höchsten Chitinaseaktivitäten.

Bei den 3 Stämmen von P. ostreatus ist die R-Glucanaseaktivität im Mycel am höchsten und nimmt über die Stiele zu den Hüten ab. Bei A. bisporus war R-Glucanase weder in Stielen noch in Hüten nachweisbar.

Die Enzyme der Stämme von P. ostreatus wirken nicht artspezifisch, im Gegensatz zu denen aus A. bisporus.

DISKUSSION

Wie die Untersuchungen im ersten Teil der Arbeit zeigten, können Stiele von *Pleurotus* *ostreatus* bei pH 4 und 4o°C partiell autolysiert werden, so daß sie schließlich angenehm weich sind. Hiermit wurde zum ersten Mal eine Möglichkeit gefunden, aus sehr zähem Pilzmaterial ein Produkt herzustellen, das für den menschlichen Konsum geeignet ist und sehr leicht konserviert werden kann. Die gefundene Methode ist besser als die zuerst in Erwägung gezogene Silierung. Bei einer Milchsäurefermentation gibt es immer Nachteile und Risiken. In den ersten Stunden der Silierung, bevor der pH-Wert unter 4.5 gesunken ist, können sich pathogene oder verderbniserregende Bakterien noch vermehren. Wegen der unterschiedlichen Kontamination des Rohmaterials sind Abweichungen in Aroma und Geschmack nicht zu vermeiden. Das Endprodukt ist durch den hohen Keimgehalt getrübt und die Brühe müßte filtriert werden. Diese Nachteile sind durch Verwendung einer Pufferlösung vom pH 4 ausgeschlossen. Es ist eine ausreichende mikrobielle Sicherheit gewährleistet, der Geschmack ist jederzeit reproduzierbar, das Endprodukt ist klar und sieht appetitlich aus. Kurzes Aufkochen und "Vakuumverschluß" sorgen für zusätzliche Sicherheit. Die Konserve ist gekühlt über ein Jahr und bei 4o°C mindestens 3 Monate haltbar. Eine Erprobung der Lagerdauer in größerem Maßstab in der Praxis ist noch notwendig, da dies im Rahmen der vorliegenden Arbeit nicht zu leisten war.

Das Produkt ist gut geeignet für Entwicklungsländer, da es mit einfachen Mitteln herzustellen ist. So extreme Bedingungen, wie sie für den Haltbarkeitstest gewählt wurden (4o°C), sind nicht einmal in den Tropen zu erwarten. Dort ist ohne Kühlung und mit primitivem "Vakuumverschluß" - heißes Einfüllen in Gläser mit Schraubdeckelverschluß - eine Haltbarkeit von 3 Monaten gewährleistet. Das ist für tropische Verhältnisse eine lange Zeit.

Gefrorenes Material behält seine autolytische Wirksamkeit
bis zu 2 Jahren. Die Geschmackstests haben jedoch gezeigt,
daß diese Material oft schlecht oder bitter schmeckt, so
daß es nicht mehr zum Verzehr geeignet ist. Dennoch lohnt
es sich Stiele einzufrieren, wenn bei einer Ernte eine große
Menge anfällt, die nicht sofort verarbeitet werden kann.
Dies ist besonders dann der Fall, wenn sie von einem Stamm
mit hervorragenden Autolyseeigenschaften wie P.So 3oo4
stammen. Es können aus dem gefrorenen Material später die
lysierenden Enzyme abgetrennt und zum Weichmachen von Pilzmaterial verwendet werden, das keine oder nur geringe autolytische Fähigkeit besitzt. Auch hitzebehandelte Teile von
anderen Arten, z.B. die besonders zähen Stiele von dem wert-
vollen <u>Lentinus edodes</u>, könnten durch Behandlung mit einem
einfachen Enzympräparat genießbar gemacht werden.

Einer Lagerung und Verwertung gefrorener Stiele kommt die
Tatsache entgegen, daß die für die Zellwandauflockerung
verantwortlichen Enzyme sehr robust sind. Sie sind gefroren
oder bei pH 4 lange beständig und können deshalb leicht ge-
handhabt werden. Technisch brauchbare Enzympräparate können
wie folgt hergestellt werden: In Puffer vom pH 4 - gleich
welcher Art, z.B. Phosphat-, Citronensäure-, Essigsäure-
oder Milchsäurepuffer - werden die Stiele homogenisiert,
3 Stunden bei 4o°C inkubiert, die Zelltrümmer abzentrifugiert und das Protein aus dem Überstand gefällt. Es kann in
gefrorenem Zustand oder gefriergetrocknet bis zum Gebrauch
gelagert werden.

In Entwicklungsländern ist die Verwendung gefrorenen Materials undenkbar wegen der hohen Kosten. Doch ließe sich dort
aus Abfällen stark autolysierender Stämme durchaus ein
Enzymkonzentrat gewinnen, das dann als kleines Volumen unter
Kühlung gelagert werden könnte. Eine Angleichung an dörfli-
che Verhältnisse wäre problemlos. So ist für die Gewinnung
eines Enzympräparats eine Umgebungstemperatur von 3o°- 4o°C
unschädlich. Eine Bebrütung der Homogenate bei ca. 4o°C
wäre unter primitiven Verhältnissen ohne kostspieligen Auf-

wand möglich. Das Zerkleinern der Stiele und später das Abtrennen der Zelltrümmer müßten nicht mit hochtourigen Homogenisatoren und Zentrifugen erfolgen. Bei billiger Arbeitskraft könnten Maschinen mit Handbetrieb eingesetzt werden. Die Gewebereste könnte man auch sedimentieren lassen und die Brühe filtrieren. Das Aussalzen der Proteine wäre kein Problem, eher die Dialyse. Letztere ist bei uns in Leitungswasser möglich. In Entwicklungsländern mit tropischen oder subtropischen Temperaturen und mangelhafter Hygiene wäre saurer Puffer angebracht, um Mikrobentätigkeit einzuschränken. Vor einem Einsatz der hier skizzierten Methode in warmen Ländern müßte allerdings geprüft werden, ob die Fähigkeit zur Bildung großer Mengen zellwandlysierender Enzyme auch in Hochtemperaturstämmen vorkommt. Es kann Zufall sein, daß unter den drei untersuchten Stämmen gerade die Hochtemperaturstämme relativ niedrige autolytische Aktivitäten enthalten. Es ist aber auch denkbar, daß die Fähigkeit zum Fruchten bei Temperaturen bis 3o^{o}C (s.EGER et al., 1979) damit in ursächlichem Zusammenhang steht.

Während der Fruchtkörperbildung findet, anders als im Mycel, nicht nur ein Wachstum an den Hyphenspitzen statt, sondern auch in der Fläche (GOODAY, 1975; SCHWALB, 1977; CRAIG et al. 1977). Um eine Dehnung der Wände und eine Substrateinlagerung zu ermöglichen, müssen die hochmolekularen Verbindungen der Wand an vielen Stellen gelöst werden. Es ist deshalb anzunehmen, daß sowohl Synthetasen als auch Lyasen am Wirkungsort gebildet werden. GOODAY (1975) konnte bei Stielen von Coprinus cinereus nachweisen, daß die Chitinsynthese im Plasmalemma oder in der Wand stattfindet. MAHADEVAN und MAHADKAR (197o) fanden zellwandgebundene autolytische Enzyme bei Neurospora crassa. Auch in der vorliegenden Arbeit konnte nachgewiesen werden, daß die autolytischen Enzyme zellwandgebunden sind (s.S. 64ff). Um Wachstum zu ermöglichen, müssen Lyse und Einlagerung neuer Substanz gut ausbalanciert sein.

Bei Hyphenspitzen im Mycel kann dies Gleichgewicht sehr
leicht gestört werden, was immer zu einem Überwiegen der
Lyse führt (BARTNICKI-GARCIA und LIPPMAN, 1972). Bei Stielen von **Coprinus** **cinereus** führt eine Hemmung der Chitinsynthese mit Polyoxin D zu einem Wachstumsstop und darauf folgender Autolyse (GOODAY, 1975). Da bei **P. ostreatus** die
Autolyse mit zunehmender Temperatur bis 4o°C zunimmt (vgl.
Abb. 4), könnte das Gleichgewicht zwischen Lyse und Synthese
in enzymreichen Stämmen wie P.So 3oo4 bei über 15°C gestört
sein, so daß die Autolyse überwiegt und Fruchtkörperbildung
unmöglich ist.

Pilzzellwände bestehen in der Hauptsache aus Chitin, R-Glucan und S-Glucan in wechselnden Anteilen (je nach Entwicklungsstadium und Art), sowie einem geringen Anteil an Protein bzw. Aminosäuren (vgl. S. 39ff). Eine Beteiligung von
Proteinasen und S-Glucanase bei der partiellen Autolyse von
P. ostreatus konnte unter den Bedingungen des Weichmachprozesses ausgeschlossen werden, da keine entsprechenden Aktivitäten nachweisbar waren. Auch konnte mit Hilfe von Fremdproteinasen (Pepsin, Trypsin) keine Zellwandauflockerung
erreicht werden. Zusätzlich wurde während der partiellen
Autolyse ein Anstieg des S-Glucangehalts relativ zu Chitin/
R-Glucan und eine Reduzierung von letzterem um die Hälfte
nachgewiesen (s.S. 49), was bedeutet, daß aus der inneren
Zellwandschicht Substanz abgebaut wird, während die äußere
aus S-Glucan nicht oder nur wenig angegriffen wird.

Chitin wird von einem System aus mindestens zwei Hydrolasen
abgebaut. Dabei wirkt Chitinase als Endohydrolase, die Bindungen in der Mitte des Moleküls löst und größere Bruchstücke
freisetzt, während N-Acetyl-ß-D-glucosaminidase (Chitobiase)
als Exohydrolase diese Bruchstücke vom Ende her weiter aufspaltet (MUZZARELLI, 1977). Die Chitobiase sollte daher bei
der Zellwandlyse - während des Wachstums und beim Weichmachprozess - nur eine sekundäre Rolle spielen. Dies wird durch

die in Abb. 22 dargestellten Versuche bestätigt; die in den
Stielen der einzelnen Pilzstämme gefundenen Chitobiaseakti-
vitäten zeigen keine Korrelation zu den autolytischen Fähigkeiten. Dagegen könnte die Chitinasewirkung, nämlich Aufbrechen des Großmoleküls, durchaus das Weichwerden beein-
flussen. Tatsächlich entspricht die Geschwindigkeit des
Weichwerdens der untersuchten Stämme von P. ostreatus und
A. bisporus dem relativen Chitinasegehalt (vgl. Abb. 22 und
Tabelle 5). Mit Fremdchitinase von Streptomyces griseus
lassen sich Wände von P. ostreatus aber nicht auflockern.
Dies steht im Einklang mit Befunden anderer Autoren (HUNSLEY
und BURNETT, 197o; WESSELS und MARCHANT, 1974; MICHALENKO et
al., 1976), bei denen die Wirkung einer käuflichen Fremdchitinase nur dann nachweisbar war, wenn auch vorher oder
gleichzeitig R-Glucanase eingesetzt wurde. Bei P. ostreatus
muß demnach ebenfalls auf die Mitwirkung von R-Glucanase
geschlossen werden, die bei allen drei Stämmen in hoher Aktivität gefunden wurde. Für eine gemeinsame Wirkung von
Chitinase und R-Glucanase spricht auch, daß Stämme, die
beide Enzyme besitzen zum Weichmachen anderer Arten verwendet werden können. Dagegen kann P."42x11" mit viel R-Glucanase aber ohne Chitinase andere Pilzstämme nicht oder nur
wenig weichmachen; und A. bisporus mit hoher Chitinase- und
fehlender R-Glucanaseaktivität kann Wände anderer Arten
ebenfalls nicht lysieren. Laut MICHALENKO et al. (1976) sind
zur Lyse von A. bisporus-Wänden R-Glucanasen notwendig. In
den hier durchgeführten Experimenten autolysierte A. bisporus,
obwohl R-Glucanasen nicht nachgewiesen werden konnten. Dies
könnte an der Zellwandzusammensetzung liegen: A. bisporus
enthält viel Chitin (s.S. 4o) und ist von vornherein längst
nicht so zäh wie Pleurotus, so daß schon ein Aufbrechen des
Chitingroßmoleküls in kleinere Bruchstücke (A. bisporus hat
relativ hohe Chitinaseaktivität, vgl. Abb. 22) genügen könnte, um mechanisch meßbare Konsistenzänderung zu bewirken.

In Betracht zu ziehen ist auch das Vorhandensein artspezifischer R-Glucanasen, die sich mit dem in dieser Arbeit verwendeten Pleurotus-R-Glucan nicht nachweisen lassen. Eine weitere Erklärungsmöglichkeit wäre eine höhere Empfindlichkeit der Enzyme von A. bisporus, da bei diesem Pilz die autolytische Aktivität auch durch Einfrieren relativ schnell verlorengeht.

Interessant ist ein Vergleich der einzelnen Enzymaktivitäten in Mycel, Stielen und Hüten der drei untersuchten Pleurotus-Stämme. Die R-Glucanaseaktivität ist im Mycel am höchsten und nimmt über die Stiele zu den Hüten ab. Trotz ihres hohen R-Glucanasegehalts autolysieren die Hyphen des Mycels nicht unter den Bedingungen, die für das Weichmachen von Stielen optimal sind. Gegenüber Enzymen aus den Stielen sind sie gleichermaßen resistent. HUNSLEY und BURNETT (1970), WESSELS und MARCHANT (1974) und MICHALENKO et al. (1976) berichteten, daß Zellwände wesentlich besser oder überhaupt erst dann von R-Glucanase und Chitinase angreifbar waren, wenn vorher durch Alkalibehandlung das S-Glucan entfernt wurde. WESSELS und MARCHANT (1974) sprechen von einer möglichen Schutzwirkung des S-Glucans. In Stielen von P. ostreatus und A. bisporus ist aber eine partielle Autolyse trotz des vorhandenen S-Glucans möglich. Die Zellen von Mycel und Fruchtkörpern dieser Stämme müßten demnach entweder unterschiedliche Struktur oder Isoenzyme mit unterschiedlichen Fähigkeiten enthalten. Im Gegensatz zur R-Glucanase nimmt die Chitinaseaktivität vom Mycel zu den Hüten zu. Nur in Stielen von P."42x11", die besonders schlecht weich werden, fehlt sie völlig. Die Chitobiase zeigt keinerlei Korrelation.

R-Glucanase(n) und Chitinase(n) dürften bei der Morphogenese der Fruchtkörper eine entscheidende Rolle spielen. An die Zellwand gebunden (vgl. S. 66) steuern sie vermutlich Richtung und Ausmaß der jeweiligen Zellexpansion und damit schließlich die Form des Fruchtkörpers. Isolierung, Reinigung und vergleichendes Studium der Eigenschaften von ß-Glucanasen und Chitinasen in Mycel, Stielen und Hüten könnten wichtige Informationen zum Verständnis der Morphogenese von Fruchtkörpern liefern.

ANHANG

A. TAFELN

Tafel I: <u>Fruchtkörper von Pleurotus ostreatus</u>
(Foto: H. Gerber, Champignon-Großkulturen,
CH 3125 Toffen)

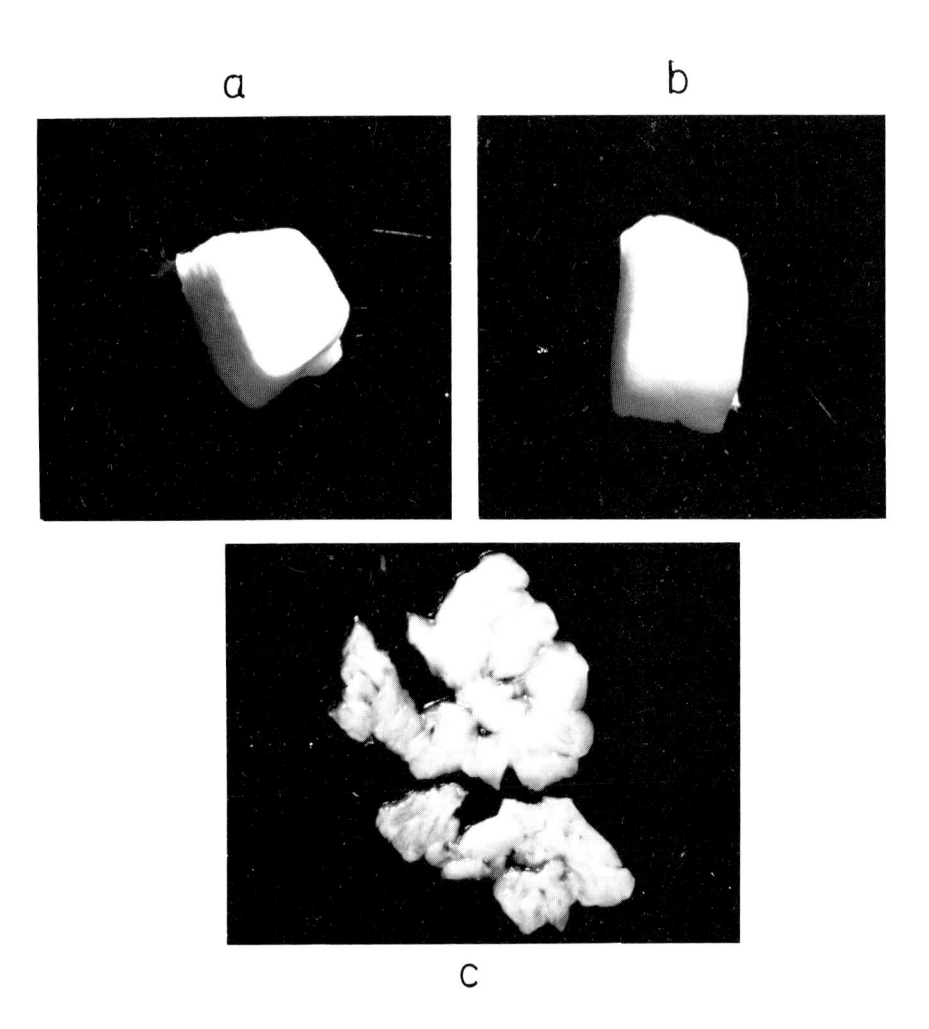

Tafel II: <u>Konsistenzänderung von Stielstücken bei Pleurotus</u>
ostreatus, So 3oo4
- a. Stielstück vor der Bebrütung
- b. Stielstück vor der Bebrütung, nach Auflage von 3 kg
- c. Stielstück nach 2 Tagen Bebrütung (pH 4, 4o°C) nach Auflage von 2oo g

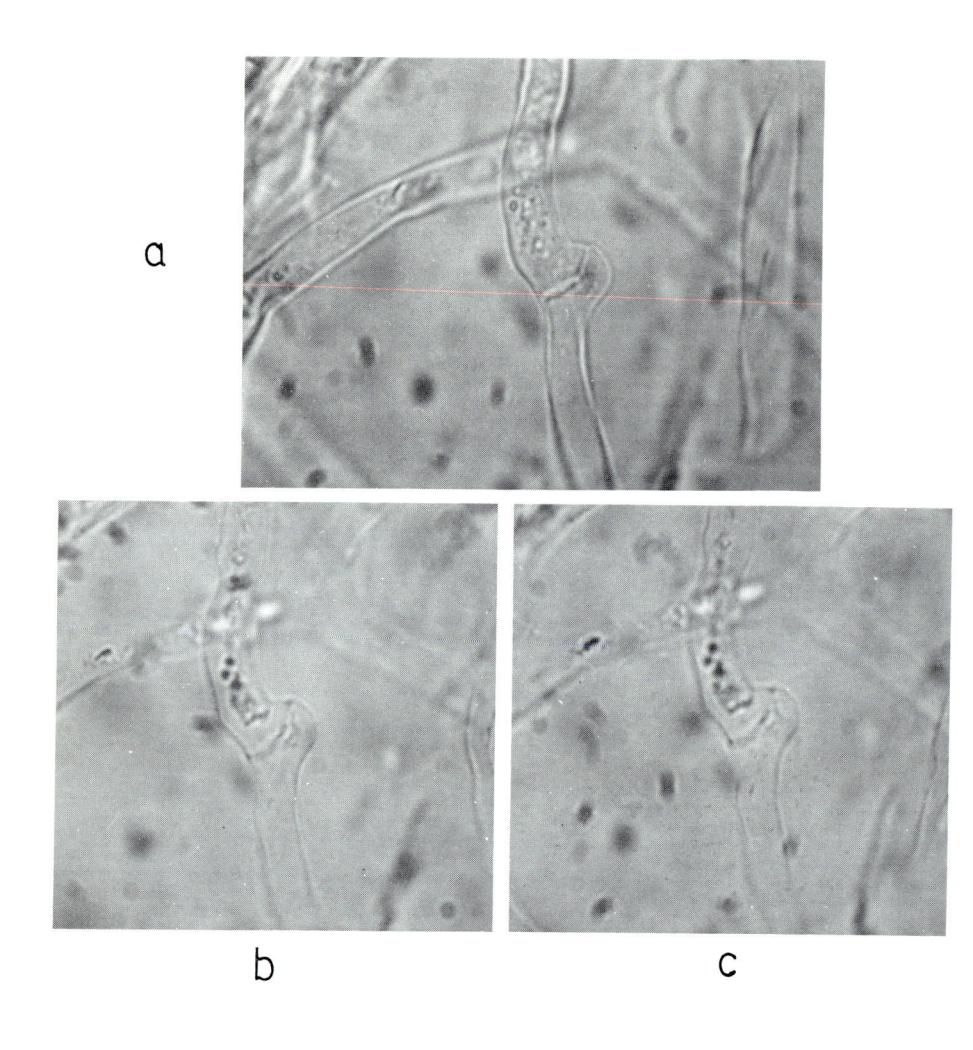

Tafel III A: <u>Hyphenwände aus Stielen von Pleurotus ostreatus</u>
a. vor der Bebrütung
b. nach zwei Tagen Bebrütung bei pH 4 und 4o°C
c. nach fünf Tagen Bebrütung bei pH 4 und 4o°C
Alle Aufnahmen bei 1ooofacher Vergrößerung

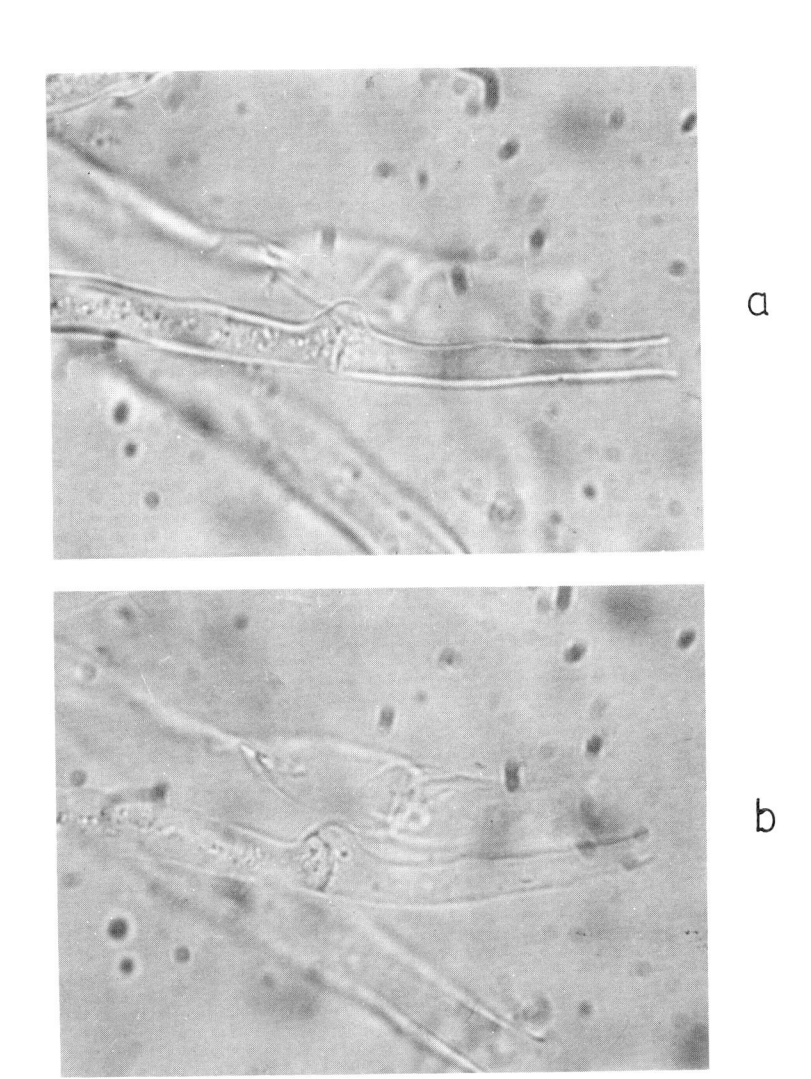

a

b

Tafel III B: <u>Hyphenwände aus Stielen von Pleurotus ostreatus</u>
         a. vor der Bebrütung
         b. nach der Bebrütung bei pH 4 und 40°C
         Alle Aufnahmen bei 1000facher Vergrößerung

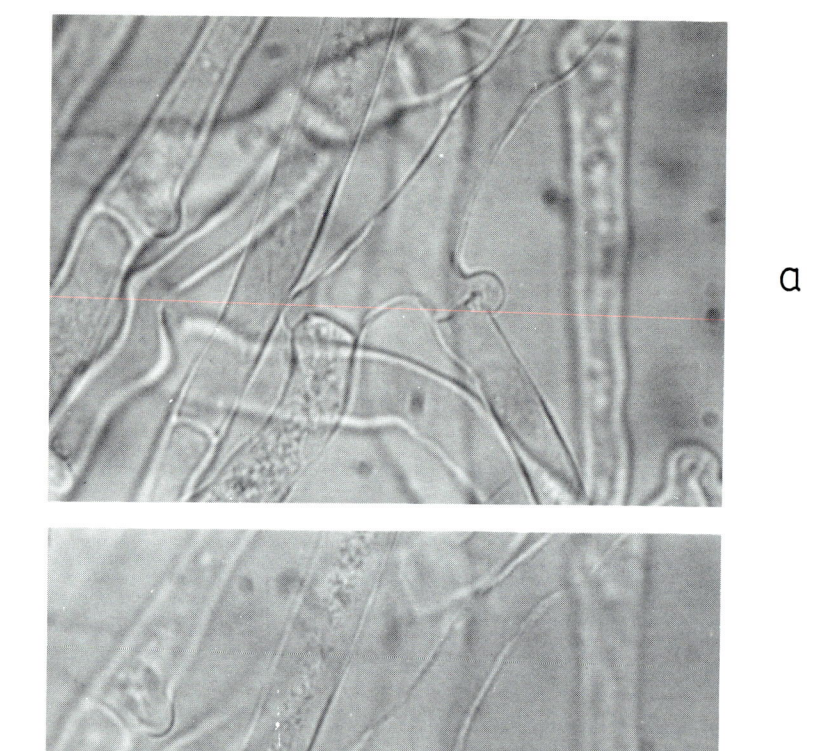

Tafel IV: <u>Wirkung von Chitinase aus Streptomyces griseus auf
Hyphenwände aus Stielen von Pleurotus ostreatus</u>
a. vor der Behandlung
b. nach 3 Tagen Bebrütung bei pH 6 und 25°C nach
   Zusatz von Chitinase aus <u>Str. griseus</u>
Alle Aufnahmen bei 1000facher Vergrößerung

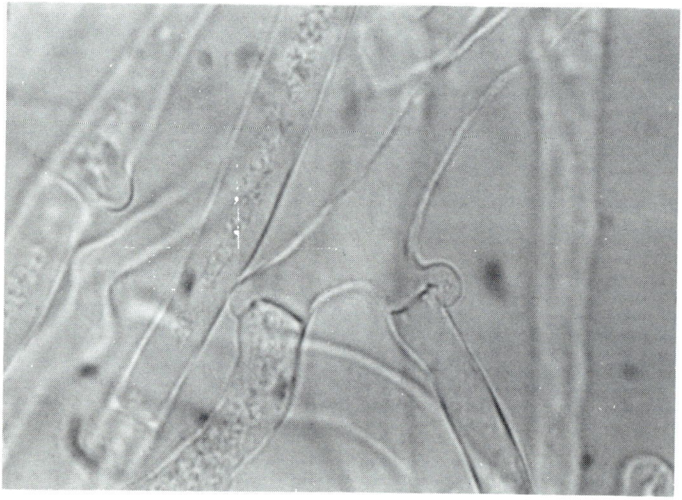

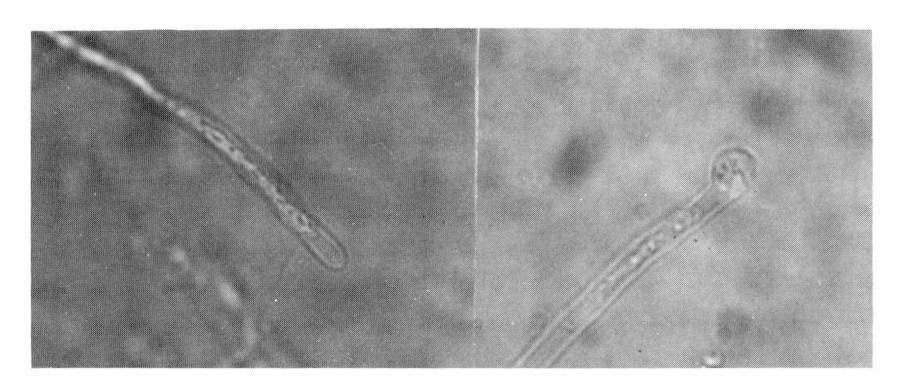

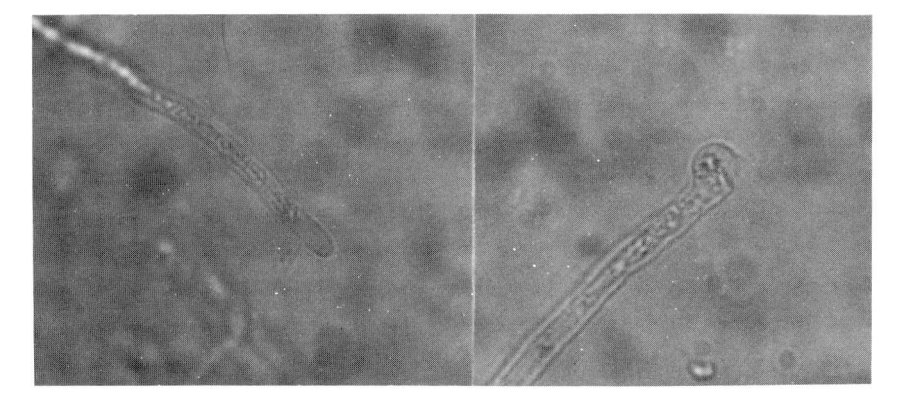

Tafel V: <u>Hyphenspitzen und -wände aus Mycel von Pleurotus ostreatus</u>
a. vor der Behandlung
b. nach 3 Tagen Bebrütung bei pH 4 und 40°C
Alle Aufnahmen bei 1000facher Vergrößerung

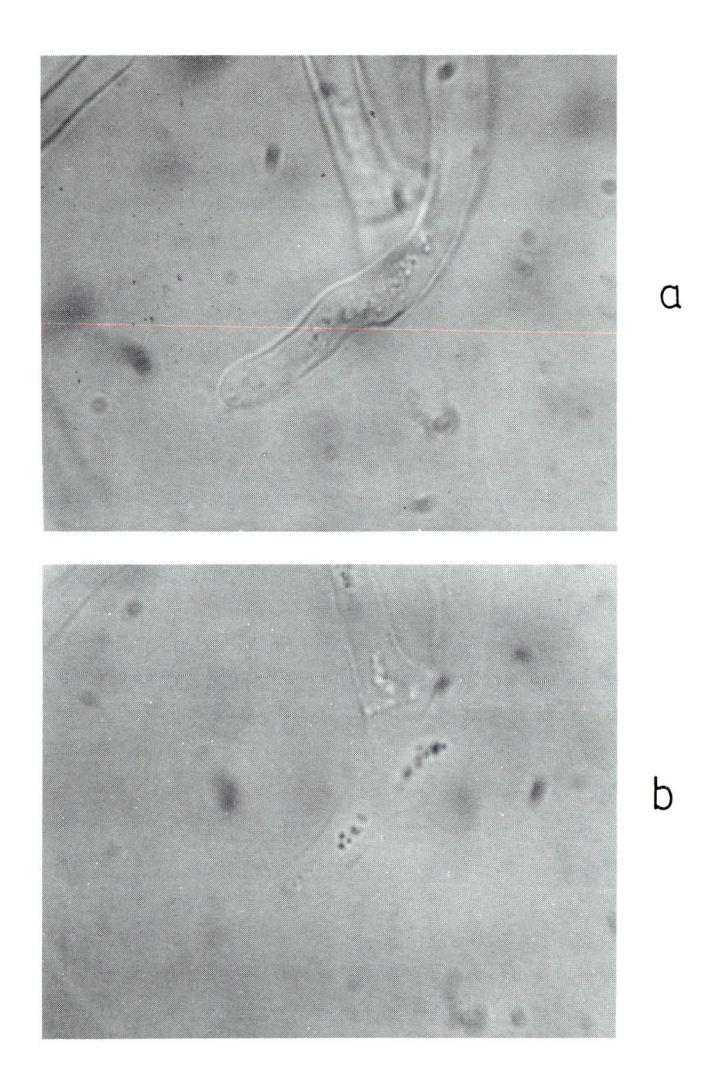

Tafel VI: Hyphenspitzen aus Stielen von Pleurotus ostreatus
a. vor der Behandlung
b. nach 3 Tagen Bebrütung bei pH 4 und 40°C
Alle Aufnahmen bei 1000facher Vergrößerung

B. LITERATURVERZEICHNIS

AINSWORTH, G.C. (1976) - History of Mycology
Cambridge University Press

BANO, Z.; SHRIHIVASAN, K.S.; SRIVASTAVA, H.C. (1963) -
Amino Acid Composition of the Protein from a
Mushroom (Pleurotus sp.)
Appl. Microbiol. 11, 184-187

BARTNICKI-GARCIA, S. (1968) - Cell Wall Chemistry, Morphogenesis and Taxonomy of Fungi
Ann. Rev. Microbiol. 22, 87-108

BARTNICKI-GARCIA, S.; LIPPMAN, E. (1972) - The Bursting
Tendency of Hyphal Tips of Fungi
J. Gen. Microbiol. 73, 487-500

BECK, Th.; WIERINGA, G.W. (1964) - Untersuchung über die
Verwendung von Milchsäurebakterienkulturen.
2. Mitt.: Impfexperimente mit aktiven Laktobazillenkulturen
Das wirtschaftseigene Futter 1o, 45-54

BERGER, L.R.; REYNOLDS, D.M. (1958) - The Chitinase System
of a Strain of Streptomyces griseus
Biochim. Biophys. Acta 29, 522-534

BERGMEYER, U. (1974) - Methoden der enzymatischen Analyse
Band I, 3. Aufl., Verlag Chemie, 1o52-1o63

BÖTTICHER, W. (1974) - Technologie der Pilzverwertung
Verlag Eugen Ulmer, Stuttgart, 149-162

BUCHER, E. (197o) - Beiträge zur Mikrobiologie der Silagegärung und der Gärfutterstabilität
Dissertation München

BUSH, D.A. (1974) - Autolysis of Coprinus comatus sporophores
Experientia 3o (9), 984-985

CRAIG, G.D.; GULL, K.; WOOD, D.A. (1977) - Stipe Elongation in Agaricus bisporus
J. Gen. Microbiol. 1o2, 337-347

DELCAIRE, J.R. (1978) - Economics of Cultivated Mushrooms
In: S.T. CHANG and W.A. HAYES (Ed.) - Biology and Cultivation of Edible Mushrooms
Academic Press, New York, 728-795

EGER, G.;EDEN, G.; WISSING, E. (1976) - Pleurotus ostreatus - Breeding Potential of a New Cultivated Mushroom
Theoret. Appl. Genet. 47, 155-163

EGER,G.; LI, S.F.; LEAL-LARA, H. (1979) - Contribution to the Discussion on the Species Concept in the Pleurotus ostreatus Complex
Mycologia 71 (3), 577-588

GARDNER, S. (1976) - Pickled, Fermented, and Acidified Foods. Department of Health, Education and Welfare; Food and Drug Administration
Federal Register 41 (143), 3o442-3o462

GOODAY, G.W. (1975) - The Control of Differentiation in Fruit Bodies of Coprinus cinereus
Rept. Tottori Mycol. Inst. (Japan) 12, 151-16o

GOODAY, G.W. (1978) - Properties of Chitinase From Vibrio alginolyticus, as Assayed With the Chromogenic Substrate 3.4-Dinitrophenyl-tetra-N-acetylchitotetraoside
Biochem. Soc. Trans. 574th Meeting Bath, Vol. 6, 568-569

GORMLEY, T.R.; O'RIORDIAN, F. (1976) - Quality Evaluation of Fresh and Processed Oyster Mushrooms (Pleurotus ostreatus)
Lebensm. Wiss. Technol. 9, 75-78

GROSS, F.; BECK, Th. (1969) - Versuche mit neuen Silier-
      hilfsmitteln
      Bayer. Landw. Jahrbuch 46, 370-388

HUNSLEY, D.; BURNETT, J.H. (1970) - The Ultrastructural
      Architecture of the Walls of Some Hyphal Fungi
      J. Gen. Microbiol. 62, 2o3-218

ITEN, W. (1968) - Zur Funktion hydrolytischer Enzyme bei
      der Autolyse von Coprinus
      Ber. Schweiz. Bot. Ges. 79, 175-199

ITEN, W.; MATILE, P. (1970) - Role of Chitinase and Other
      Lysosomal Enzymes of Coprinus lagopus in the
      Autolysis of Fruiting Bodies
      J. Gen. Microbiol. 61, 3o1-3o9

JAHN, H. (1949) - Pilze rundum
      Park-Verlag, Hamburg, 21

KALBERER, P.; KÜNSCH, U. (1974) - Amino Acid Composition
      of the Oyster Mushroom (Pleurotus ostreatus)
      Lebensm. Wiss. Technol. 7 (4), 242-244

KSELIK, Ph.M.R. (1956) - Rychlé siláźování hub (Schnellsi-
      lierung von Pilzen)
      Ceska mykol. 1o, 19o-192

LELLEY, J.; SCHMAUS,F. (1976) - Pilzanbau
      Verlag Eugen Ulmer, Stuttgart, 11

LOWRY, O.H.; ROSEBROUGH, N.J.; FARR, A.L.; RANDALL, R.J.
      (1951) - Protein Measurement With the Folin Phenol
      Reagent
      J. Biol. Chem. 193, 265

MAHADEVAN, P.R.; MAHADKAR, U.R. (1970) - Role of Enzymes in
Growth and Morphology of Neurospora crassa: Cell
Wall Bound Enzymes and Their Possible Role in
Branching
J. Bact. 1o1 (3), 941-947

MICHALENKO, G.O.; HOHL, H.R.; RAST, D. (1976) - Chemistry
and Architecture of the Mycelial Wall of Agaricus bisporus
J. Gen. Microbiol. 92, 251-262

MUZZARELLI, R.A.A. (1977) - Chitin
Pergamon Press, Oxford, 155

NETZER, von, U. (1978) - Induktion der Primordienbildung
bei dem Basidiomyceten Pleurotus ostreatus
Bibliotheca Mycologica, Bd. 62, J. Cramer (Hrsg.),
Vaduz, 65

O!BRIEN, R.W.; RALPH, B.J. (1966) - The Cell Wall Composition and Taxonomy of Some Basidiomycetes and
Ascomycetes
Annals of Botany 3o (12o), 831-843

PEDERSON, C.S. (1960) - Fermentation of Sauerkraut
Adv. Food Res. 1o, 233-291

PEDERSON, C.S.; ALBURY, M.N. (1961) - The Effect of Pure
Culture Inoculation on Fermentation of Cucumber
Food Technol. 15, 351-354

RAST, D. (1965) - Mannit und Trehalose in Pilzen. Eine gaschromatographische Studie
Planta 64, 81-93

RAUEN. H.M. (1964) - Biochemisches Taschenbuch, 2. Teil
Springer Verlag, Berlin, 9o-1o6

REHM, H.J. (1967) - Industrielle Mikrobiologie
Springer Verlag, Berlin, 98

REISSIG, J.L.; STROMINGER, J.L. LELOIR, L.F. (1955) - A
Modified Colorimetric Method for the Estimation
of N-Acetyl-Amino Sugars
J. Biol. Chem. 217, 959-966

SCHACTERLE, R.G.; POLLACK, R.L. (1973) - A Simplified Method
for the Quantitative Assay of Small Amounts of
Protein in Biological Material
Anal. Biochem. 51, 654-655

SCHMITZ, H. (1978) - Verfahren zur Herstellung von weichen,
genießbaren Pilzfruchtkörpern oder Teilen davon
aus zähem Pilzmaterial
Deutsches Patentamt, München, P. 28 24 553.6

SCHWALB, M.N. (1977) - Cell Wall Metabolism During Fruiting
of the Basidiomycete Schizophyllum commune
Arch. Microbiol. 114, 9-12

SIETSMA, J.H.; WESSELS, J.G.H. (1977) - Chemical Analysis
of the Hyphal Wall of Schizophyllum commune
Biochim. Biophys. Acta 496, 225-238

STEIGERWALD, J.C.; BARTHOLOMEW, B.A. (1973) - The Assess-
ment of Lysosomal Glycosidases in Normal Skin
Biochim. Biophys. Acta 321, 256-261

TRACEY, M.V. (1955) - Chitin
In: K. PAECH and M.V. TRACEY (Ed.) - Moderne Me-
thoden der Pflanzenanalyse, Vol. 2
Springer Verlag, Berlin, 264-274

WANG, C.S.; SCHWALB, M.N.; MILES, P.G. (1968) - A Relation-
ship between Cell Wall Composition and Mutant
Morphology in the Basidiomycete Schizophyllum
commune
Can. J. Microbiol. 14, 8o9-811

WEISE, F. (1969) - Einfluß des epiphytischen Keimbesatzes
auf den Gärverlauf
Ber. 3. Kongr. Europ. Grünlandvereing. Braun-
schweig, 221-227

WEISE, F. (1973) - Säurebildungsvermögen und Ökonomie des
Zuckerverbrauchs von Laktobazillen aus Gärfutter
Landbauforschung Völkenrode 23 (1), 71-77

WESSELS, J.G.H. (1965) - Morphogenesis and Biochemical Pro-
cesses in Schizophyllum commune
Wentia 13, 1-113

WESSELS, J.G.H. (1969) - A ß-1.6-glucan-glucanohydrolase
Involved in Hydrolysis of Cell-Wall Glucan in
Schizophyllum commune
Biochim. Biophys. Acta 178, 191-193

WESSELS, J.G.H.; NIEDERPRUEM, D.J. (1967) - Role of a Cell-
Wall Glucan-degrading Enzyme in Mating of
Schizophyllum commune
J. Bact. 94 (5), 1594-1602

WESSELS, J.G.H.; KREGER, D.R.; MARCHANT, R.; REGENSBURG, B.A.;
DE VRIES, O.M.H. (1972) - Chemical and Morphologi-
cal Characterization of the Hyphal Wall Surface
of the Basidiomycete Schizophyllum commune
Biochim. Biophys, Acta 273, 346-358

WESSELS, J.G.H.; MARCHANT, R. (1974) - Enzymic Degradation
of Septa in Hyphal Wall Preparations From a Monokaryon and a Dikaryon of Schizophyllum commune
J. Gen. Microbiol. 83, 359-368